三十年三十人

1995
1992 1998
2001
2006
2018 2022

◎ 陈联 梁燕 著

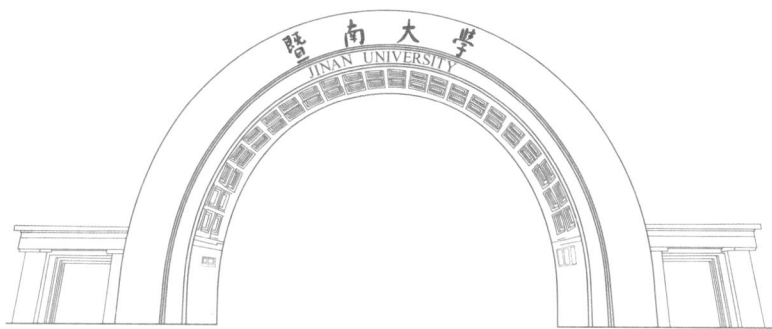

暨南大学出版社
JINAN UNIVERSITY PRESS

中国·广州

图书在版编目（CIP）数据

三十年　三十人/陈联，梁燕著．—广州：暨南大学出版社，（2023.1 重印）
ISBN 978 - 7 - 5668 - 3522 - 2

Ⅰ.①三…　Ⅱ.①陈…　②梁…　Ⅲ.①暨南大学—校友—纪念文集
Ⅳ.①G649. 286. 51 - 53

中国版本图书馆 CIP 数据核字（2022）第 188881 号

三十年　三十人
SANSHI NIAN　SANSHI REN
著　者：陈 联 梁 燕

出 版 人：张晋升
项目统筹：张晋升
责任编辑：武艳飞　王莎莎
责任校对：刘舜怡　黄子聪
责任印制：周一丹　郑玉婷

出版发行：暨南大学出版社（511443）
电　　话：总编室（8620）37332601
　　　　　营销部（8620）37332680　37332681　37332682　37332683
传　　真：（8620）37332660（办公室）　37332684（营销部）
网　　址：http://www.jnupress.com
排　　版：广州市天河星辰文化发展部照排中心
印　　刷：广州市金骏彩色印务有限公司
开　　本：787mm×1092mm　1/16
印　　张：16.5
字　　数：238 千
版　　次：2022 年 11 月第 1 版
印　　次：2023 年 1 月第 2 次
定　　价：79.80 元

（暨大版图书如有印装质量问题，请与出版社总编室联系调换）

本书献给五洲四海点亮暨南的人

著　者：陈　联　梁　燕

整理者：郭知凡　郑　帆　韩　霜　李嘉怡

　　　　张汝洁　严　军　张　悦

序一 致敬三十 初心不忘谱新篇

暨南大学是中国第一所由政府创办的华侨学府，也是中国历史最悠久的大学之一。在116年的办学历程中，学校培养了40余万高素质人才，校友遍布世界五大洲170多个国家和地区，被誉为"有海水的地方，就有暨南人"。

为更好地服务海内外广大校友，搭建校友与母校间的桥梁，在澳门、香港、广州、深圳、珠海五地校友会的共同倡议和学校的积极支持下，暨南大学校友总会于1992年成立，由澳门著名爱国人士马有恒校友担任会长。马有恒会长爱国爱澳爱校，三十年来，他以极大的热情投入到校友工作，从助力母校发展建设，到推动各地校友会成立，再到连通母校与校友，他孜孜不倦地为校友会的发展、母校的建设倾注心力，"忠信笃敬"的暨南精神在他身上得到了圆满诠释。在马有恒会长的带领下，暨大校友会逐渐开枝散叶，目前已在全球五大洲设立138个校友组织，校友组织中的众多校友不仅为当地的经济社会发展做出了重要贡献，并在世界舞台上发出暨南声音，还始终关注和支持着母校的发展，为学校"双一流"建设注入校友力量，在学校招生就业、学科发展、校友服务、宣传赋能等方面都交出了令人满意的成绩单，为擦亮百年侨校的金字招牌贡献了独特力量。

《三十年 三十人》一书中所记录的校友，无论人在何处、身居何职，都心系母校。他们或爱校荣校，为校友工作筑石奠基，为学校事业凝心聚力；或奋发有为，在追求卓越中忠于职守、勇于担当；或饮水思源，为母校发展、社会进步积极贡献力量；或心系祖国，为内地（大陆）与港澳台交流交往搭建桥梁；或胸怀天下，践行传播中华优秀传统文化的初心使命；或砥砺奋进，在自己的工作领域独领风骚，展现暨南风采。三十人，三十个不同的奋斗经历，他们是海内外 40 余万校友的缩影。无论是功成名就、达济天下，还是辛勤耕耘、独善其身，都在他们的事业和工作中表现出了暨南人特有的"忠信笃敬"的校训精神，他们是暨南大学面向社会的最好名片。如果说母校是一棵大树，那么一代代的校友就是这棵大树的片片绿叶，他们将自己的所学所得，源源不断地注入大树的根基，让母校这棵大树根深叶茂。

榜样的力量直抵心灵，模范的表率催人奋进。金秋十月，中国共产党召开第二十次全国代表大会，吹响了党团结带领全国各族人民全面建设社会主义现代化强国、实现第二个百年奋斗目标，以中国式现代化全面推进中华民族伟大复兴的时代号角。2022 年，也是暨南大学建校 116 周年，校友总会成立 30 周年。在全国上下热烈庆祝党的二十大胜利召开的氛围中，致敬为母校和校友工作做出突出贡献的杰出校友，致敬他们心系家国、爱国爱校的精神品质，具有特别的意义。"雄关漫道真如铁，而今迈步从头越"，未来我们仍期待广大校友不断继承和发扬母校的优良传统，弘扬暨南精神，团结广大校友，为推进母校书写百年侨校新篇章，开创华侨高等教育新局面，为团结和凝聚海内外中华儿女实现中华民族伟大复兴的中国梦做出新的更大贡献！

校党委书记：

校　　　长：

2022 年 10 月

序二　明湖水暖　暨南花开

1963 年，我入读暨南大学经济系。记得我刚入学时，国家正处于严重自然灾害之后，物资相当匮乏。许多外招生远离出生地赴广州求学，父母不在身边，那时候母校和老师不仅关心学生学习，也尽力照顾学生的伙食营养，细微之处尽显关怀。毕业后，我尤为感恩母校的悉心栽培，这股情感动力催促着我将报效国家、服务澳门、尽职母校的信念转化为实际工作。

我深知，一个人，不过沧海一粟，背后所付出的努力并非最重要的，真正重要的是做这些事的意义。于是，我寻觅到一个坚强有力的"靠山"——暨南校友。迄今为止，暨大已培养了来自世界五大洲 170 多个国家和地区的各类人才 40 余万人。千万不要小看这 40 余万名校友，他们身处世界每一个角落，一个人就是一个话筒、一座桥梁、一份力量，可以将暨大的声音、改革发展的成就、祖国的关怀向全世界辐射出去。

暨大与学生的关系，从不在毕业离校时终止，而是延续到毕业后的学业、职业和生命的每一个阶段。在这里，我尤为感谢母校的培养和信任，感谢母校一直以来关心和支持校友工作的发展！从我 1963 年入学到 1968 年毕业，从筹备创办校友总会到我担任校友总会会长满 30 年，40 余万名校友学有所成，走向世界。30 年间，我见证了一个个校友组织落地生根、枝繁叶茂，至今全球共有 138 个校友组织。暨南校友总是想母校之所想，急母校之所需。从抗击"天鸽"台风时各地校友奔走驰援、倾力相助，到新冠肺炎疫情中海内外校友同舟共济，共克时艰。现今的暨南港澳校友背靠祖国、面向世界、连通内地与全球，已然成为港澳繁荣稳定的重要支持力量。海外校友情系祖国，任山海阻隔，暨南情不断。每当我看到暨南校友自发地走在前列，我都感到暖心、动容。我也深深地体验到这一职务给我的是不可匹敌的财富——不断分享母校发展的喜悦，见证校友的成长。而我只要长期不懈地去做，就能取得持续的成效——这是我致力于暨大校友工作的一贯信念和宗旨。也希望与其他校友共勉，把对母校的牵念转化为绵长不绝的支持。

《三十年 三十人》是一本写满青春的书，我仿佛穿越时空隧道，置身 50、60、70、80……年代的校园，有回忆、有感恩、有祝福；这也是一本致敬奋斗的书，不计其数的暨南校友在各自的岗位上不断拼搏，发光发热，用斗志点亮了生命的火把。本书中呈现的 30 位校友仅是海内外一众校友努力拼搏的缩影，当年种下的火种，至今仍在彼此照亮、一路相传，"忠信笃敬"的校训在这里光彩熠熠。

明湖水暖，暨南花开。我已年过七旬，但 116 岁的母校却风华正茂，《三十年 三十人》是一份特殊的礼物，一方面是纪念暨南大学校友总会成立 30 周年，另一方面也是见证和分享母校培育的五洲四海校友的新发展。在母校 116 岁生日、校友总会成立 30 周年之际，在感恩母校的同时，更需要以此为契机，充分发挥校友会作用，凝聚更多校友资源。每一位校友，尤其是海外的校友，都应该成为传播中国优秀传统文化的使者，积极配合国家推动"一带一路"倡议的实施；我们要负起更多的社会责任，回馈当地社会，展现大国知名高校学子的风采。

马有恒

2022 年 9 月于澳门

三十年　三十人

目
录

Contents

三十年　三十人

目
录
Contents

第 一 章

筚路蓝缕
以启山林

马有恒：爱国爱澳爱校典范

服务四十万校友

马有恒，暨南大学 1963 级经济系校友。1992 年起担任暨南大学校友总会会长，1994 年被聘为暨南大学董事会董事，1999 年任暨南大学董事会副秘书长，2015 年起任暨南大学董事会副董事长。现任湖北省政协常委、省政协港澳台侨和外事委员会副主任、中国澳门体育暨奥林匹克委员会会长、澳门国际机场专营股份有限公司董事局主席、澳门广播电视股份有限公司股东会主席团主席、澳门昌华行企业投资有限公司董事长等。

从 1963 年进入暨南大学到现在，马有恒与暨大的缘分已近 60 年，从 1992 年暨南大学校友总会成立至今，马有恒担任校友总会会长已有 30 个年头。无论是 60 年还是 30 年，马有恒始终继承父辈"不辞辛劳、服务暨南"的精神，致力于联络全球近 40 万暨南校友，在母校和校友会需要帮助时第一个挺身而出，充分发挥校友总会团结广大校友、凝聚校友资源的作用。马有恒已然成为校友总会的灵魂人物，为校友工作和学校发展做出了不可磨灭的贡献。

艰难时期求学暨大　厚植爱国爱校情怀

马有恒与暨大的故事始于 1963 年。当年马有恒中学毕业，他本可以前往西方发达国家的大学深造，但他欣然接受了父亲马万祺的建议，来到暨南大学求学。

提及回内地读书的原因，马有恒表示，既是为了报效国家，希望为祖国的建设与发展尽绵薄之力，也是希望学有所成后，能回馈于深爱的澳门。"作为在暨南大学就读的一名澳门学生，令我印象最为深刻的是，母校是国家专门为培养归侨学子、港澳青年而成立的大学，不仅重于育才，对学生更予以亲切的关怀。"马有恒入学时国家正处于经济困难时期，物资相对缺乏，但学校极力保障学生的伙食，老师不仅关心学生学习，也关注学生健康。尤其是众多外招生远离父母，更需要老师和同学们的关怀。在这种情况下，老师与学生亦师亦友，互相支持，正是这种师生情谊，让马有恒备受感动。他还记得，自己曾前往云浮县（现云浮市）思劳公社布里大队，与贫下中农同吃同住同劳动 8 个多月，"那时候虽然艰苦，但是锻炼了自己的意志，而在艰苦中成长是一种难能可贵的财富"。

在暨大学习生活的 5 年间，与同学们生活在同一个教室、同一个宿舍、同一个饭堂，大家一起学习、一起生活、一起下乡劳动的点点滴滴，都给马有恒留下了十分深刻的记忆，并影响着他之后的生活和事业。

出资献策扩影响 倾心支持促发展

"一个人，不过沧海一粟，自己做了多少努力，并不重要，重要的是做这些事的意义，以及这些事是否有利于国家民族的利益。"一直以来，马有恒都将暨南大学的建设与发展牵挂于心，致力于服务华侨教育事业，对母校的发展倾注了极大的心力。

马有恒在不同时期多次为暨大教育建设捐资筹款，设立"马万祺博士后奖励基金"，以支持暨大人才发展，提升科研水平。除了直接的物质资助，马有恒也十分重视培养暨南学子的综合素质。他多次邀请国家奥运健儿访问暨大，通过交流互动，让暨南学子追随奥运健儿的步伐，视他们为榜样，以"更高、更快、更强、更团结"的奥运精神激励自己，成就梦想。

作为澳门知名人士，马有恒在促进暨大与澳门各界的交流与合作方面做出了许多贡献。自 1993 年开始，他每年组织暨大优秀学生到澳门参观交流，至今已有逾千名优秀的内地学生来到澳门参观交流。此举既让澳门各界看到母校持续为国家培育优秀人才的成效，也让母校优秀学生认识了澳门的社情、民情、政情，特别是澳门回归之后的发展变化，亲身体验"一国两制"在澳门的成功实践。在马有恒的努力下，暨大与包括澳门政界、工商界和教育界在内的社会各界的关系愈加密切。

马有恒坚定地表示，他做这些工作主要是希望通过长期不懈的努力，来提升母校的办学实力。他相信只要坚持下去，暨大的综合实力、核心竞争力和影响力就会不断提升，暨大在国际和国内的办学声誉也会不断提高，在服务国家重大战略需求、凝聚港澳台同胞和海外侨胞、传播中华优秀传统文化方面，探索出一条特色发展之路。

凝聚全球校友　为祖国和母校发展添砖加瓦

集众智定良策，合众力兴伟业。执掌校友总会 30 年来，马有恒广泛团结校友，积极推动校友会工作。在母校建校 90 周年时，他发动各地校友集资兴建暨南大学校友楼，并连续 29 年支持校友总会会刊《暨南校友》出版，至今已出版116 期。在母校建校 110 周年之际，马有恒更是号召每一位暨大校友，尤其是海外校友，积极成为传播中华优秀文化的使者，配合国家推动"一带一路"倡议实施，为祖国崛起、母校建设高水平大学添砖加瓦。

早在筹备校友总会时，马有恒就是创办校友总会的首倡者之一。20 世纪 90年代初，随着暨南大学校友工作的日益完善，各地校友会的成立和校友活动的开展，许多校友都有成立校友总会的愿望。1992 年 9 月，马有恒任会长的澳门校友会同香港、广州、深圳、珠海等兄弟校友会共同发起成立暨南大学校友总会的倡议，得到各地校友会的热烈响应和支持。在马有恒的资助下，同年 12 月20 日，来自全球 33 个暨大校友会的代表齐聚澳门举行校友总会筹备会议，大家一致推举马有恒为首任会长。

绵绵用力，久久为功。马有恒始终抱着"取诸社会，用诸社会"的理念，倾力投身校友会工作和公益事业。为了对校友工作中做出突出贡献的先进集体和先进个人予以表彰和奖励，充分发挥学院校友工作开展的积极性，更好地服务暨南校友，他专门设立了"马有恒校友工作奖励基金"。同时，他还以身作则，领导校友总会积极支持祖国建设、学校发展，组织广大校友为国排忧解难。粤港澳大湾区战略出台后，他主动同广大暨南校友就"暨南校友如何融入大湾区建设"进行讨论与交流。暨大"双一流"建设方案公开后，作为校友总会会长，他表示要发扬"爱国爱澳爱校"的优良传统，按照习近平总书记2018年视察母校时的讲话精神，凝聚全球校友的力量，高水平高质量推进母校"双一流"建设。2020年新冠肺炎疫情暴发期间，在得知暨大向湖北派出抗疫医疗队后，马有恒以个人名义率先向母校医疗队提供支援保障，并带领全球暨南校友积极响应、群策群力，为抗击疫情筹资筹物，为缓解医疗物资紧张的压力贡献力量。

积土成山，积水成渊。在马有恒的领导下，校友总会三十年来不断发展壮大，广大校友持续在世界舞台发出暨南声音，为擦亮百年侨校的金字招牌贡献独特的力量。

澳门是暨南校友分布最集中的地区之一，总人口60余万的澳门，有2万余名暨南校友，平均每6个家庭就有1名暨南人。暨南大学澳门校友会成立于1986年，是最早成立的校友组织之一，旨在团结暨南大学澳门校友，发扬校誉，共同为澳门社会发展做出贡献。马有恒同时也是澳门校友会会长，他广泛团结澳门校友，将澳门校友会发展成一个团结和谐、坚强有力的校友团体，并积极推动成立14个暨大澳门同学会。澳门2万多名校友一直以来发扬"爱国爱澳爱校"精神，为维护澳门社会繁荣稳定和促进粤澳交流做出重要贡献。

2017年台风"天鸽"袭澳，在马有恒及其子马志成的倡议下，澳门校友积极参与救灾活动，呼吁各界力量投入灾后救援，"暨大校友会医疗义工队"（现为澳门暨南恒爱医疗义工协会）应运而生。义工队免费为有需要的长者提供身体检查、心理辅导等工作，赠送各类药品，为澳门地区医疗卫生系统更好地服务市民、服务长者起到非常好的补充作用。2020年以来，新冠肺炎疫情给澳门社会、经济，以及市民生活带来严重影响，校友会和广大校友在各自不同领域发挥所长，配合澳门特区政府齐心抗疫。

立足服务澳门社会之余，马有恒也带领澳门校友会积极在内地开展公益事业，厚植家国情怀。在他的影响和领导下，澳门校友会连续多年在内地开展爱心助学活动，为当地的精准脱贫工作和教育卫生事业发展发挥了积极作用。

三代暨南人　传承浓浓暨南情

诗人艾青在《我爱这土地》中曾这样写道："为什么我的眼里常含泪水？因为我对这土地爱得深沉。"马氏家族对暨大倾注了绵长浓厚的情感，养成了深厚的"暨南情缘"。马万祺、马有恒、马志成父子孙三代薪火相传，先后受聘为暨南大学董事，数十年如一日地为暨南大学的发展出谋划策、添砖加瓦。

马有恒对母校的真挚情感深受父亲马万祺、岳父荣毅仁的影响，二者均为暨南校史上影响深远的重要人物。马有恒的父亲马万祺是澳门著名的爱国人士、社会活动家、工商领袖和全国政协领导人，也是暨大校董会中任职时间最长的一位董事。早在 1963 年暨大校董会恢复后，马万祺就被聘为董事。1978 年暨大复办后，马万祺又出任校董会副董事长，协助廖承志、荣毅仁开展复校工作。1986 年，马万祺与荣毅仁、霍英东等 7 位校董在香港发起成立了暨南大学教育基金会。担任校董以来，马万祺积极联系、发动暨大在澳门的董事支持学校建设，还积极推荐澳门热心教育的知名人士担任学校校董。

马有恒的岳父荣毅仁也为暨大复校和建设付出了诸多心血。1978 年 6 月，暨南大学复办，荣毅仁接受国家任命，出任校董会副董事长，并于 1985 年继任董事长。任职期间，荣毅仁为百废待兴的暨大奔波辛劳，在重建学院学科、聘请师资、筹集建校资金、向海外推介暨大和招收港澳台侨学生等方面做了大量工作，推动暨大再次腾飞。

马万祺和荣毅仁的言传身教，铸就了马有恒报效国家、服务澳门、回馈母校的信念。暨南大学在广州重建、复办以来，马有恒在母校的发展中留下了浓墨重彩的一笔。1992 年至今，马有恒一直担任暨大校友总会会长，并接过父亲马万祺、岳父荣毅仁手中的接力棒，担任董事会副董事长。他不辞辛劳地服务于母校的建设与发展，同时也不断用自己的所学回馈着澳门社会，为"一国两制"行稳致远默默奉献着自己的力量。

马有恒也将继承自父辈的"暨南情缘"传承给了下一代，马有恒之子马志成于 2017 年进入暨大校董会担任董事，他所发起成立的"思路智库"也与暨大开展合作，双方将在"一带一路"建设研究中加强交流合作，发挥暨大在"东南亚研究"与"华侨华人研究"方面的特长和优势，提供智力、人才支持，彰显暨大"侨校"特色。

2022 年是暨南大学校友总会成立 30 周年。校友总会及各地校友组织在招生就业、学科发展、服务校友、宣传赋能等方面都交出了满意的成绩单，为学校"双一流"建设注入了磅礴的校友力量。作为与母校共同成长的同路人，马有恒为暨大的发展倾注了绵长浓厚的情感，他将继续凝聚全球校友力量，践行习近平总书记"把中华优秀传统文化传播到五洲四海"的使命，让更多的校友成为中华文化传播的重要力量和"火种"，服务暨南大学"双一流"和高水平大学建设。

黄旭辉：六十载暨南情深　初心如炬

黄旭辉，暨南大学 1958 级中文系校友，现任暨南大学校友工作委员会主任，广州校友会荣誉会长。曾担任暨南大学中文系团总支书记、学生处副处长、招生办公室主任、教育工会主席等职务，并于 1991 年至 2000 年担任暨南大学副校长、校党委副书记，广州校友会第四届会长。

黄旭辉经历了暨南大学广州重建、"文革"停办、广州复办三个历史时期，亲自参与了改革开放后暨南大学对外招生制度改革和校友总会筹建等工作，是当之无愧的暨南建设者。

重建首届学子　留校结缘暨南

1958 年，暨南大学于广州重建，时年 18 岁的黄旭辉通过招生考试，成为暨南大学在广州重建后的首届学生。自此以后的 60 余年，黄旭辉的人生都与暨大紧密地联系在一起。

回忆起当年报考暨南大学的经历，黄旭辉笑称自己与暨大结缘是偶然，也是必然。偶然是因为当年在填报志愿时，由于对在广州重建的暨大颇不了解，黄旭辉将暨大填在了第九志愿；必然是由于黄旭辉拥有海外身份，在学校和专业选择上有不少限制，他填报的九所院校中只有暨大向他伸来了橄榄枝，他这才有机会进入大学学习。

尽管当年没能入读心仪的院校，但黄旭辉表示暨南大学才是适合他学习、工作和生活的地方。进入大学后，学校不仅没有因为黄旭辉的华侨身份区别对待，还安排他担任其所在班的团支部副书记。当吸收优秀学生入党时，全年级也只发展了包括黄旭辉在内的两位学生党员。黄旭辉表示，暨大作为侨校，在评优评先时主要以个人的思想学习表现作为评选标准，不会过于计较学生的家庭出身问题，像他这样的学生同样能通过个人努力来改变命运，这让他觉得十分幸运。

中文系的学习经历也给了黄旭辉很大的锻炼。当年，著名作家、文学评论家萧殷担任暨大中文系主任，他十分重视对学生文学评论、文艺创作能力的培养，因此系内开设了"创作方法论"等课程，并邀请了欧阳山、秦牧、韩北屏、康濯等知名作家到校为学生举办专题讲座。另外，为锻炼创作实践能力，中文系还在寒假期间安排学生分赴广东各地采风调研，撰写作品。这些经历都让黄旭辉受益匪浅。

1963年毕业后，黄旭辉因表现优异留校工作。当时中文系已经有五百余名学生，但还没有专职负责学生工作的人员。于是黄旭辉便负责全系的学生工作，他与学生同吃、同住、同劳动，对全系学生的姓名、籍贯、特长爱好等情况都了如指掌。回顾在暨大工作的最初岁月，他坦言在工作中受到了各位领导、老师的关心和爱护，自己也得到了锻炼和提高。黄旭辉特别提及1969年，他作为中文系团总支书记同文科系教师们一起到博罗县黄山洞创办教育革命试点，设立文科大学试点班。当时办学条件颇为艰苦，教室是师生们亲自搭建的茅棚，学生则由博罗县各公社选派。尽管试点班只持续了半年，但"茅棚大学"不仅提高了当地民众的文化素质，还让黄旭辉得到了锻炼。后来，黄旭辉从中文系调入学校机关，"文革"期间，暨大遭撤销后随机关调入广东化工学院工作（后并入华南理工大学）。

发挥侨校特色 推进对外办学

1978年，经历"文革"的沉寂后，暨大再次于广州获得新生。作为华侨最高学府，推进对外办学是暨南大学的重要工作之一，其中推动海外招生，吸引海外华侨华人入读暨大是重中之重。黄旭辉自 1978 年暨大复办后就负责对外招生工作，先后担任学生处副处长、招生办主任，为推动暨大对外招生制度改革做出了重要贡献。

暨大复办初期百废待兴，学校并没有专门负责招生的机构，只是在每年招生时从学生处、教务处抽调工作人员临时组建招生办开展招生工作。黄旭辉还记得在暨大复办的前两年，港澳台侨学生报考暨大需要过关到内地（大陆）报名，并参加内地（大陆）高考，很不方便。为了便于港澳台侨学生报考，无须进关即能办理报名手续，学校专门同深圳海关协调，由黄旭辉等人在深港口岸的罗湖桥头设立报名点。另外，为了帮助港澳台侨学生适应内地（大陆）高考，学校还专门在华侨补校（现华文学院）为他们提供补习辅导。

后来，为增进港澳台侨学生对暨大的了解，便利港澳台侨学生报考暨大，在黄旭辉等人的建言下，学校对招生制度采取了一系列改革措施。一是为港澳台侨学生招生考试单独命题。考虑到港澳台侨学生所在地与内地（大陆）授课内容不同，暨大从 1980 年开始自主命题，针对港澳台侨学生的情况出题招生。二是在港澳设立暨大招生报名点，处理招生报名工作。当时从内地去香港、澳门比较困难，在请示并得到国侨办和教育部的同意后，1981 年前后，暨大同国侨办系统的香港、澳门中国旅行社合作，借用中旅在港澳两地的办事机构设立报名点。三是在港澳及边境地区设立考场，方便港澳台侨学生参加考试。

除了便利港澳台侨报读暨大外，黄旭辉还秉持"请进来"和"走出去"相结合的原则，采取诸多措施来增进港澳台侨对暨大的了解。例如邀请港澳中学的校长和记者来校参观、到港澳各中学宣传、召开记者招待会、在报纸上刊登招生简章、在香港和澳门教育展览会上介绍暨大的情况等，黄旭辉还曾登上香港亚视的电视节目，用粤语向全港观众推介暨南大学。

作为暨大对外招生工作的开拓者之一，黄旭辉对当年开展招生工作时往来奔波的情景记忆犹新。为印刷考试题目，他每天晚上都会到印刷厂监督"捡字"，协调印刷厂印刷试卷。在港澳负责招生工作时，由于没有轮式拉杆箱，每次过关他都会扛着整只蛇皮袋的招生资料。为加强宣传工作，在香港工作期间，他每天早上六点起床赶往当地中学，趁着学校七点到七点半之间的自修时间向学生宣传暨南大学。

当年设立这些措施既为境外学生求学提供了便利，也提高了暨大境外生源的数量和质量。现今的暨南大学已然成为港澳台侨学生前来内地（大陆）深造首选的热门高校。

主管校友工作　参与总会筹建

1991 年，黄旭辉担任暨南大学副校长、党委副书记。任职期间，他先后担任暨南大学广州校友会第四届会长，并参与组建暨南大学校友总会，为暨南大学校友工作的开展做出了重要贡献。

提及组建暨大校友总会的经过，黄旭辉表示校友总会的建立是水到渠成、大势所趋。早在 1980 年，学校就组织召开第一次广州校友座谈会，为暨大校友总会的成立拉开了序幕，随后暨大在广州重建后的首个校友组织——广州校友会于 1981 年 6 月宣告成立，香港、澳门、深圳、珠海、上海、厦门等地校友会也相继成立。随着校友组织的日益增多，广大校友对加强与母校联系和各地校友会联络沟通的愿望日益迫切，建立校友总会便被提上日程。

1991 年暨大八十五周年校庆期间，海内外校友会的代表讨论校友总会成立的问题，并委托广州、香港、澳门、深圳、珠海等地校友会进行筹备，黄旭辉代表学校同五地校友会代表于珠海拱北宾馆等地会面商讨具体事宜。1992 年 12 月 20 日至 22 日，海内外 33 个校友会的一百多位代表齐聚澳门，举行筹备会议，讨论并通过了会章、会徽，选举了校友总会领导班子。会上一致推举马有恒为校友总会会长，第一届理事会由 33 人组成，黄旭辉任理事长，钟业坤任秘书长。3 天后的 12 月 25 日，校友总会正式于广州挂牌成立。

作为校友总会首任理事长，在黄旭辉的主持下，校友总会先后做成了三件大事，大力推动了校友工作的开展。一是奠定组织架构，设立校友会办公室。为了进一步加强校友工作，黄旭辉建言学校设立校友会办公室，配备专职工作人员负责校友总会日常工作。当时校友办缺乏办公经费，幸得校友总会会长马有恒慷慨解囊，每年捐资一万元支持校友办工作。二是加强交流宣传，创办校友总会会刊。为加强各地校友联系，展现校友风采，校友总会于 1993 年 12 月创办了会刊《暨南校友》，以季刊形式出版，至今已出版百余期。三是响应校友呼吁，集资兴建校友楼。1996 年暨大 90 周年校庆前夕，校友总会向各地校友会和广大校友倡议集资兴建校友楼，得到各地校友的热烈响应，广大校友踊跃捐资，共集资 500 多万元。该楼于 1996 年 6 月 15 日奠基，1999 年 1 月动工，同年底竣工，并由暨南校友、时任全国政协副主席吴学谦题写楼名。现校友总会秘书处设于此，楼内还辟有暨南大学校史展览馆，常年有海内外宾客到此参观，是暨南大学对外宣传的重要窗口。

在上述工作之余，黄旭辉每当前往外地出差，都主动拜访当地校友，与校友们拉近距离，同他们建立了深厚的感情。当时的校友工作尽管在物质条件上难以与现在相比，但校友们怀着对母校的深切热爱，师生、同学之间结下了真挚情谊，对建立校友会、组织校友活动都十分热心，为学校各项工作的开展提供了有力帮助。

退休余热生辉　助力校友工作

本应在暨南园安享晚年的他并没有赋闲在家，而是默默地为校友工作尽己所能，继续做出贡献。他先后担任暨南大学广州校友会名誉会长、暨南大学校友总会荣誉会长、暨南大学校友工作顾问委员会主任等职务，并获颁广州校友会"校友工作终身成就奖",为广大暨南校友所称道。

"我只是为校友工作提供了一些力所能及的帮助,并没有做很多事",谈起所做的校友工作,黄旭辉十分谦虚。退休后,他凭借在联络校友上的优势,多次出面为学校和校友之间牵线搭桥,从事沟通协调工作。学校、校友总会和地方校友会组织的各类校友活动都留下了他的身影,显示出他对母校的无比热爱。

2016年番禺校区"蒙古包"筹备重建期间,黄旭辉多次为其往来奔走,被授予"蒙古包重建特别贡献奖"。"蒙古包"食堂是20世纪90年代前暨大校园的标志性建筑,承载了许多暨南人的青春回忆,后因建设邵逸夫体育馆而被拆除,现拟定于暨大番禺校区重建。他表示,在那个年代他虽是教师,但也曾和学生们一起在蒙古包吃饭,有时候开个支部书记会议,也都是在蒙古包里边吃边聊。老校友们对蒙古包都十分惦念,希望有更多的校友为蒙古包添砖加瓦。

一次次奔走、一项项荣誉不仅记录了黄旭辉为暨南校友工作所做的贡献,也印证了他对母校矢志不渝的热爱。正如2012年他在1978级校友毕业三十周年返校纪念大会上所言:"时节如流,岁月不居,三十年倏忽而过。我已年届古稀,你们也霜华满鬓,明湖垂柳、碧波静月,依稀当年,昔日的阶前玉树已成参天巨木,结满桃李竞芳华。你们学以致用,各有所成,但相信无论身在何方,心头都会萦绕着一份暨南情怀,珍藏着对母校最真挚的眷恋!"

肯定当前校友工作　回首过往初心如炬

在校友总会成立三十周年之际,黄旭辉高度肯定了校友总会的各项工作,表示校友总会在凝聚校友情感、聚合校友力量、塑造校友向心力上有着卓越的成绩和贡献。他特别表扬了校友总会在宣传工作方面的成就,称校友会微信公众号近年来在全国高校校友会微信公众号评比中多次位居榜首,校友们每当打开校友会公众号,就能够了解到母校发展、校友工作和校友活动的最新消息,仿佛回到了暨南园。

令黄旭辉印象最为深刻的是，2020 年初新冠肺炎疫情暴发期间，校友总会率先呼吁暨大校友为武汉抗疫捐款捐物，仅 24 小时募捐金额就突破 100 万元，最终募得抗疫捐助 1000 多万元；海外疫情严重后，校友总会又积极支援海外校友，这些举措获得了海内外暨南人的广泛赞誉。希望校友总会能够再接再厉，继续服务广大校友，助力母校发展，擦亮暨南金字招牌。

回首在暨南园学习、工作的 64 年，黄旭辉依然初心如炬，始终保持着对母校的情怀与眷恋。他真切地表示："我从 1958 年来到暨大读书，至今已有 60 余年。暨大培养了我，我也将自己的毕生奉献给她。如果当年我没有来到暨大，我可能不会有今天这样的成绩。我毕生取得的成绩，一方面是个人的努力，另一方面也与学校党组织和领导的培养密不可分。在这里，我从学生到教师，再到副校长，虽然现在已经退休多年，但我仍然是一名暨南人。"

胡军：扎根暨南四十载

不忘初心再出发

胡军，暨南大学 1982 级产业经济学校友。现任中国产业经济研究会副会长、广东省高校价值工程研究会会长、广东省中青年经济研究会副会长、广东省政府经济发展研究中心特约研究员、广州市政府经济发展顾问，国务院特殊津贴专家，2021 年荣获广东省"优秀社会科学家"称号。

胡军在 2005 年 11 月—2018 年 2 月间担任暨南大学校长，他参与和见证了暨南大学 2006 年百年校庆、2007 年本科教学评估、2008 年开始的番禺南校区建设，2011 年"部省"共建、2015 年入选广东省高水平大学建设、2017 年跻身国家"双一流"大学建设行列等重要事件。

从南下求学暨南园，到成为百年侨校掌舵人，40 年来，胡军一直情系母校，以"坚持宏教泽系侨情"为己任，任职校长期间为暨大百年校庆、本科教学评估、"部省"共建、番禺新校区建设、高水平人才队伍的建设、"宁静致远工程"和"双一流"大学建设谋篇布局、统筹推进，为暨大的持续发展做出了应有的贡献。

南来暨大遇恩师　脚踏实地做学问

从 1982 年南下广东，进入暨南大学攻读硕士学位至今，胡军已在暨大学习工作了近 40 年，回首往昔，胡军对自己的恩师黄德鸿教授，以及自己担任校长时举办的暨南大学百年校庆印象最为深刻。

黄德鸿教授是中国著名工业经济学家，也是国内产业经济学最早的一批开拓者，创立了中国南方第一个工业经济学博士点。对胡军而言，黄德鸿教授既是吸引他来到暨大学习的最大动力，也是他后来学术道路的引路人，更是教会他为人、为学的人生导师。"我第一次见到黄德鸿教授是在硕士面试的时候，当时只招两个研究生，报名的却有三十多人。面试时，黄德鸿教授和蔼可亲的形象，让我的紧张感一下子消失了。当公布我被录取时，那种喜出望外的感觉，是我人生中为数不多的喜悦时刻。"

"治学深约宏美，为人忠信笃敬"，是胡军对黄德鸿教授当年施教的感受。为了让学生牢记和理解经济学原理，黄德鸿教授要求学生通读经济学领域的经典，并定期检查学生的笔记。黄德鸿教授特别强调理论联系实际，特别是中国的实际，经常带领学生开展社会调研，增进学生对现实经济运行状况的认识。胡军本人也在一家企业的计划财务科挂职半年，了解企业运作的具体情况。在他看来，暨南大学产业经济研究院至今依然坚持面向实际、面向经济建设的主战场，脚踏实地地开展研究，与黄德鸿教授等老一辈学者的优良作风和言传身教不无关系。

跟随黄德鸿教授学习的时光也让胡军学到了不少做人做事的道理：一是不争与谦让，为人处世，要懂得分寸；二是平等待人，视同事与学生为手足。希望后人站在前人的肩膀上做学问；三是不随意批评人，就算学生做错了事，也是开导。

百年商科遇变革　新时代背负新使命

始有暨南，便有商科。暨南大学早在 1918 年就开始了商科教育，是中国最早开展商科教育的国立高等学府之一。在百年的办学历程中，办好商科是暨南大学始终未改的初心，商科一直是学校重点发展的优势学科，也是暨大这所百年侨校一块闪亮的金字招牌。

作为暨南大学管理学院首任院长和国家重点学科产业经济学学科带头人，胡军表示，暨南商科在华南地区处于领先地位，在全国也位处第一梯队，产业经济学和金融学两个国家重点学科更是暨大商科独一无二的优势学科。但他也指出，新时代催生新使命。商科在当今时代面临着新的变革，改革原有的课程、培养体系，发展有中国特色的商科势在必行。中国社会、经济的运转有其独有的特点，所面临的问题与挑战也与西方有所不同，突出中国特色应当成为商科发展最重要的课题，也是商科发展过程中最大的挑战。另外，随着商科在各高校的普遍化，商科已经成为一个竞争异常激烈的学科，商科的未来要与数字化、信息化、人工智能、大数据等新技术相结合才有生命力。只有发展数字化，商科才能开拓新的学科增长点，与社会经济发展的需要相适应，延续百年商科的辉煌。

2019 年，暨南大学成立"一带一路"与粤港澳大湾区研究院，胡军担任首任院长。"一带一路"是未来中国进一步扩大开放的宏伟构想，粤港澳大湾区则是中国经济未来最重要的增长极之一。"研究院的成立是学校领导高瞻远瞩，预判和锁定了国家发展最紧迫、最关心的问题，推动大湾区发展研究的重要举措"，胡军如此评价研究院成立的意义。"一带一路"与粤港澳大湾区研究院通过新的协调机制整合全校相关资源，搭建校内与校外合作平台。这个平台对于扩大暨大社会影响力，擦亮暨大的金字招牌，起到了很好的推动作用。在研究方面，研究院已承担国家社科基金重大课题三项，为广东省／市政府承担规划课题和专项课题数十项。

此外，值得一提的是学校与南沙开发区管委会共建的"暨南大学中国（广东）自由贸易试验区研究院"。大湾区研究院同南沙开发区管委会的创新局围绕大湾区自贸区建设形成了具有互动性、制度性、长期化的合作关系，研究院围绕粤港澳的制度对接等课题展开研究，并每年承办"一大三小"论坛，为南沙成为世界级自贸区和对外开放核心区做出了贡献。"我们研究院是一座舞台，参与项目的老师们是主角，我只是配角，研究院取得的每一项成果都是他们努力的结果。"在谈到研究院院长的定位时，胡军是这样认为的。

聚合校友圈　厚植家国情

从默默关注母校发展的校友到暨南百年传承伟业的"接棒者"，胡军深深体会到，四十余万暨南校友，是暨南大学金字招牌的重要标志，也是学校发展最可信赖、最可依靠的力量源泉，2006年暨大百年校庆就是最好的见证。作为"三落三起，五度播迁"的"华侨最高学府"，暨南大学经历了百年风雨，它的命运与国家的兴衰紧密相连。胡军对当时广大暨南人迎接百年校庆的心态作了精妙的总结："百年校庆中蕴含着一百年来一代代暨南人压抑了很久的激情，是一种培养海外华侨华人子弟，为国家发展做出贡献，面对困难百折不挠的精神，而校庆就成为几代暨南人激情总释放和总爆发的平台和高光时刻。"不论是目前陈列于图书馆的暨南六先贤雕像，还是建阳路上矗立着的代表暨南学术精神的孔子铜像，抑或是在暨大南门由吴学谦校友题写的"百年暨南"纪念石碑……这些都映照出了一股新生的、蓬勃向上的暨南精神。

回忆起百年校庆当天的校庆晚会，胡军更是感慨万分。一场突如其来的暴雨，不仅中断了大家精心准备、期盼已久的校庆晚会，而且似乎也浇灭了全体暨南人的激情。然而，让人意想不到的是，在沉默片刻之后，一间学生宿舍里飘出了"祝你生日快乐"的优美旋律，瞬时间一呼百应，汇聚成全校的大合唱。随后数千名学生自发地汇集在图书馆广场，他们载歌载舞，尽情地表达着对暨大美好的祝福，对暨大辉煌未来的期盼与向往。这个"晚会"没有灯光、没有音响、没有布景，只有对母校深深的爱！胡军回忆道："这是一场别开生面、富有特殊意义的最独特、最真诚、最充满激情的庆典晚会，在中国大学的校庆史上，只有唯一，没有之一。"

得益于百年校庆的契机，暨南大学的校友工作也开启了全新的发展阶段。正如胡军所言："百年校庆期间广大校友爱国爱校的赤子之心，让全体暨南人意识到校友的力量和价值。"在他看来，校友既是大学高质量发展的标志和成果，也是大学高质量、可持续发展的重要支撑。胡军认为不应仅仅把校友视为"资源"，因为"资源"搭配的动词是开发和利用。校友和学校从某种意义上说是紧密联系、相互促进、共同发展的命运共同体。对校友而言，毕业后依然对学校的发展负有责任和义务，关心母校进步，促进母校发展。对学校而言，也要持续地关心、爱护、帮助校友们成长，为校友的发展提供学校的资源。

当前，全国高校校友工作正如火如荼地进行着。校友会作为高校不可或缺的校内组织要肩负起构建校友精神家园、推动学校未来发展的责任。胡军表示，就校友会自身而言，首先要广泛地联络校友，利用大数据等信息化手段了解校友的相关信息，团结优秀校友，发挥优秀校友的影响力以提升学校知名度；其次要成为连通学校与校友的桥梁，及时向广大校友传递母校发展的信息。"校友是一面镜子，透过这面镜子学校更能清楚地看到学校的优势与不足，从而在教学方式、知识体系、课程体系、校园文化上加以改进和调整。"胡军意味深长地说道。他认为，"校友会在推动大学高质量发展中扮演着重要的角色，发挥着独特的重要作用。校友会要有意识地围绕高校的校园文化、教育特色、教育理念和教育体系开展研究工作"。这是胡军对暨大校友工作提出的新期望。

"有海水的地方就有暨南人"，暨南大学作为百年侨校，"在马来西亚、印度尼西亚、菲律宾、越南等东南亚国家，暨南校友都有一定的影响力"。新冠肺炎疫情暴发前，胡军曾带队走访了许多国家，他认为这些校友都能为"一带一路"的推进做出贡献，学校应当对校友加以引导，让"一带一路"的倡议为他们所熟知、理解，使他们成为中国与所在国互惠共赢的桥梁和驿站。同时，他认为在海外华侨华人中，暨大校友是一支重要力量，他们在暨大接受教育，了解国内的发展现状，对国家和母校的情感更为深厚。"校友会应当考虑如何更好地发挥海外校友作用，潜移默化地让这些海外校友为改善中国国际形象，争取国际话语权，乃至助力国家的发展贡献力量。"与国内其他高校相比，暨南大学有着得天独厚的优势。

悠悠赤子心　浓浓母校情

心之向往，行将必至。"做好对暨大发展有利的事情，不仅是我的责任，还是我的义务。"作为暨大校友，2018年卸任校长后，胡军仍然热心校友工作，在许多校友活动中可以看到他的身影。在他看来，自己学习、工作、生活于暨南园已经有几十年的时间，自己的一生也与暨大紧密地联系在一起，因此对母校有着与生俱来、难以割舍的感情。尽管已经不再担任领导职务，但他还是十分关注暨大的发展，为学校取得的进步感到由衷的高兴，以埋头实干践行对母校的支持。

作为校友工作的亲身参与者，胡军对校友总会的工作表示了充分肯定和赞赏。自1992年成立以来，特别是百年校庆之后，校友总会充分发挥母校和校友之间的桥梁作用，成了广大暨南人共同的精神家园，校友工作硕果累累，成效显著，是促进学校发展的重要力量。胡军说："校友会的发展离不开一个好的会长，暨大校友会最应该感谢的是马有恒会长。马有恒会长任职三十年来，对校友会的工作呕心沥血，真情投入，倾力支持，是校友会的灵魂和榜样。"

世界正面临百年未有之大变局，沧海横流，方显英雄本色！展望未来，校友总会任务愈加重要，工作内容日趋多元化。希望校友总会在马有恒会长的带领下，在校友总会全体同仁的共同努力下，站在新的起点，更高水平、更高质量地凝聚校友力量，引导海内外广大校友，为"一带一路"倡议的落实、粤港澳大湾区的建设、中华民族的崛起，贡献暨南人特有和应有的力量。在助力学校未来发展，营造全球四十万暨南人共同的精神家园上再创辉煌。

不问征途南北，只问学术初心，四十年来伴随时代脉搏，阐释新时代商科发展的使命和责任担当，"暨南人"成为镶嵌在胡军生命中的身份标志，对暨大的情感将是这个烙印最好的滋养。

梅凡：　声教四海方向明

凝聚五洲暨南情

梅凡，暨南大学 1961 级中文系校友，现任美国南加州校友会会长。梅凡在北美为"扩大暨南声教，增进校友感情"不遗余力，他为建设南加州校友会往来奔走，同时对北美兄弟校友会的重建、发展起到了很好的扶持和推动作用。他是暨南精神在北美的传承人和传播者。

2018 年，北美暨南人云集洛杉矶，庆祝暨大 112 周年校庆和暨大南加州校友会 40 周年会庆。北美暨南人之所以集体为南加州校友会"庆生"，与南加州校友会会长梅凡为北美校友组织的辛劳奔波密不可分。如今暨南人分布在北美各座城市、各个行业，已有 9 个校友会。北美洲还聚集着暨南学堂创办人端方的后人叶黄美兰，以及老校长郑洪年、何炳松等暨南先贤后人，他们为在国内外普及暨南先贤的教育理念和学术成果，传播中华优秀传统文化做出了突出贡献。28 年来，梅凡为扩大暨南声教，增进校友感情不遗余力，他的人生轨迹也与暨大不可分离。

暨南时光留下青春回忆

回忆起在暨南园的时光，梅凡记忆犹新。1961 年梅凡高中毕业，考虑到侨眷身份和专业意向，他决心报考暨南大学，最终顺利进入中文系学习。在暨大学习的经历让梅凡养成了以身作则、虚心求教的品质，锻炼了他待人接物、组织活动的能力，为日后他成为暨大北美校友中的"老大哥"打下了基础。

入学时年仅 19 岁的梅凡是全班年龄最小的学生，有的同学甚至比他年长十余岁，他也因此成为同学们眼中的"小弟弟"。"外招生性格纯洁直爽，说话直接，不转弯抹角，心里想什么就讲什么"，当年的外招生很多是来自印度尼西亚、老挝、越南等地的归侨，他们给梅凡留下了深刻印象。

甫一入校，梅凡便担任班长，后来还兼任团支部书记等职务。作为同学眼中的"小弟弟"，如何与同学们打成一片，协调好外招生与学校、内地生的关系，让梅凡颇费了一番心思。他坦言首先要为人谦逊，和同学们交朋友，学习他们的优点，其次要以身作则、发挥带头作用，只有尽自己的力量，才能带领整个班级共同前进。

回首七年的大学时光，梅凡不忘感激母校："当时学校有很多社会实践活动，学生要经常和社会接触，这段经历使我得到很大的锻炼。"入学伊始，学校便组织教职员工和学生一起挖掘明湖。此外，梅凡除了负责班级事务，还兼任中文系的宣传部部长，负责全系的宣传工作，"每次学校举办板报比赛，我们一定拿第一名！"学习和工作之余，梅凡也有着丰富的课余生活，他先后加入春风书法社、中文系诗歌朗诵队和校文工团话剧队，这些爱好让他至今获益匪浅。

漂洋过海结缘南加州校友会

20世纪80年代，随着改革开放，一批批暨南人在海外开枝散叶。移居美国南加州后，一次偶然的机会，梅凡得知南加州尚有上海和建阳时期的老校友创立的南加州校友会。"一是找到了暨南人的组织，二是遇到了十分关心你的老学长"，梅凡于1994年欣然加入校友会。当时的南加州校友会多是耄耋老者，见到年轻的校友到来都非常高兴。得知梅凡是中文系出身后，时任会长雷博平希望梅凡发挥专业特长，为会刊《暨南简讯》的编务提供帮助。

此后，工作之余，梅凡时常参加校友活动。当时南加州校友会共有十余位校友，主要的活动是在大型节日期间举行聚会，老校友们聚在一起，时常创作诗词、应酬唱和、撰写对联，梅凡在母校中文系学到的本领有了用武之地，这不仅拉近了他与校友间的距离，也让他与校友会的感情日渐深厚。一路走来，梅凡特别感谢雷博平会长，正是在雷会长的引导下，梅凡与校友会的羁绊日益加深。2009 年，梅凡从老一辈学长手中跨代接棒，成为南加州校友会会长。

继任会长后，梅凡将南加州校友会运作得有声有色。南加州校友会以"联络感情，砥砺学行，团结互助，弘扬暨南声教"为宗旨，与母校守望相助，积极举办校友联谊活动，凝聚广大海外校友。"校友会的生命力就在于活动"，梅凡认为这样才能不断增进校友之间的互动，从而使得暨南大学校友的"龙脉"更加活跃。校友们通过活动团结在一起，相互交流信息，在聚散之间收获继续拼搏进取的信心与动力。

风风火火复兴北美校友会

办好南加州校友会之余，梅凡放眼整个北美大陆乃至全球，在南加州校友会、各地暨南校友和学校的共同努力下，暨南大学在北美地区的校友会数量增加到了 9 个。作为北美校友会中的老大哥，梅凡带领南加州校友会往来奔走、出钱出力，对兄弟校友会的建立、发展起到了很好的扶持和推动作用。

梅凡称北美校友组织的复兴"有必然也有偶然"。"必然"是因为赴美暨南人日渐增多，校友之间的联系也越来越紧密，这为成立校友组织打好了基础。南加州校友会的所在地洛杉矶作为美国西海岸最大城市和交通枢纽，是许多海内外暨大校友往来北美的必经之地，在迎来送往间，梅凡与全球的不少暨南校友和校友组织建立了联系。早在 2006 年，梅凡就代表南加州校友会捐资支持香港校友会主办"百年校庆百席宴"；到了 2010 年，梅凡率领南、北加州校友会的校友千里赴上海参加了"海内外暨南大学校友聚首上海世博联谊活动"。以梅凡为首的南加州校友会带头倡议、带头捐款、率先组团、全面组织配合，促成了上海世博联谊活动圆满成功。通过这些活动，梅凡结识了暨大老校长何炳松之女何淑馨、多伦多校友会原会长林钧祥等一批北美老校友，并了解到一些由老校友组建的校友会陷入后继无人的困境，为它们注入新生力量刻不容缓。

"偶然"则是指北美校友组织的建立与重建并非特意的规划，而是有着诸多的机缘巧合。2009 年，旅居加拿大的任京生校友表达了在温哥华成立加西校友会的意愿，梅凡代表南加州校友会对此表示支持。2010 年 9 月 17 日，加西校友会正式成立，梅凡带领理事长周飞兵、秘书长苏维廉专程飞赴温哥华表示祝贺，并送上礼金作为启动资金，助其进一步开展校友活动。

多伦多校友会和美东校友会都由老一辈暨南人于 20 世纪 80 年代创办，但随着他们年事渐高，校友会活动逐渐减少，重建校友会成为当务之急。美东校友会重建的契机源于新老校友一次偶然的相遇，老校长何炳松之女何淑馨在航班上与定居美东的陈默校友相识，她十分看好陈默热情肯干的品质，便向梅凡推荐由陈默主持美东校友会的重建工作。在一通通跨越全美的电话里，梅凡和何淑馨向陈默倾情传授校友会成立和组织的要点和经验，陈默也不负重托，成为美东校友会重建后的首任会长。

相比美东校友会重建的"缘分"，多伦多校友会重建则被梅凡比作"放火"。2014 年，梅凡组织南加州校友会的校友到加拿大放了"三把火"：一是拜寿名誉会长、知名古典文学家陈鲁慎，二是拜祭名誉会长林钧祥，三是拜会张珞等新生代校友，希望他们重建多伦多校友会，并表示南加州校友会会对重建予以支持。梅凡的一片热心和切实支持鼓舞了新生代校友，他们紧锣密鼓地投入到多伦多校友会的重建当中。

2016 年 9 月，在暨大建校 110 周年校庆前夕，南加州校友会派出骨干班子前往纽约和多伦多协助当地校友会召开成立大会。南加州校友会不仅为两家兄弟校友会带来了礼金，还为它们提前订制了横额、会旗。两家暨南海外校友会重建有特殊意义，其意味着在广州重建复办后的新生代暨南人，正式接过老一辈暨南人所创办校友会的"接力棒"，凝聚新生代校友力量，发扬暨南精神，传承暨南传统，向前奔跑。

　　回顾这段经历，梅凡表示："有海水的地方就有暨南人，校友会的作用就是让暨南人团结起来，壮大暨南校友的队伍，南加州校友会不但要办好自己，也要同兄弟校友会守望相助。"

心系家国情怀　期许母校发展

　　"五星红旗光灿灿辉映罗省华埠，侨心所向"，这是梅凡为"十一"国庆写下的诗句。一直以来，梅凡和南加州校友会始终以爱国爱校为己任，心系祖国、心向暨南。

　　梅凡同其他南加州校友十分关心暨大发展情况，为母校发展尽己所能。在参观番禺新校区图书馆时，梅凡萌生了向图书馆捐赠地球仪作为暨大 110 周年校庆礼物的想法。在取得校方同意后，经过两年时间的规划，地球仪于 2016 年暨大 110 周年校庆之际落地番禺校区图书馆。在梅凡看来，捐赠地球仪不仅代表了海外校友心系母校的家国情怀，也蕴含着对新一代暨南学子的深切希望：暨大肩负将中华优秀传统文化传播到五洲四海的崇高使命，暨大学生遍及五洲，眼光、胸怀既要立足祖国，也要面向全世界，要有着向世界高水平大学看齐，为母校发展壮大做贡献的"大情怀"，正如地球仪底座上镌刻的一句话，"one sky one dream"，暨南人要放眼世界，走向世界，为构建人类命运共同体贡献自己的力量。

　　在华侨华人文献搜集工作上，梅凡与南加州校友会贡献良多。早在 2011 年，梅凡专程回国向暨大档案馆赠送了记述暨大杰出校友徐亨生平的《徐亨——奉献的人生》一书。2017 年，南加州校友会同暨大世界华侨华人文献馆签约，授牌设立海外文献收集联络点。2019 年，梅凡和南加州校友会更是为母校献上"大礼"，他和南加州校友会秘书长苏维廉向暨大图书馆转交了由知名收藏家陈灿培博士和伍坚伟校友捐赠的一批珍贵涉侨文献与文物，这对于丰富暨大世界华侨华人文献馆馆藏，研究海外华侨华人历史具有重要意义。

"沧海横流，方显英雄本色。"2008 年 5 月汶川大地震发生后，南加州校友会立即通过中国驻洛杉矶领事馆捐款。2020 年初新冠肺炎疫情暴发，在收到校友总会发出的为母校九名白衣天使驰援武汉捐资献物的倡议后，梅凡同南加州校友会理事会迅速响应，着手启动储备资金，呼吁校友们积极捐资，同时发动大家寻找口罩等货源，寻找快速运送物资回国的渠道。当时符合医疗标准的防护物资十分紧缺，所幸暨大医学院 1986 级校友赵崇浩医师通过供应商渠道，找到一批口罩、护目镜等医护用品，他本人更是慷慨解囊，捐资购买了数千只医用口罩。梅凡还致电校友总会，商议物资运输问题，最后校友总会牵头组建"暨南南航"微信群，及时办妥医疗物资运送事宜。为确保万无一失，梅凡同两位骨干校友亲自运送防护物资前往机场。另外，南加州校友会理事会决定再向母校捐赠 21 000 元人民币（21，赢取之意），希望祖国早日打赢这场战"疫"。

长期以来，海外侨胞联系的对象侧重于宗亲会、同乡会这样的传统社团，而母校情结笃深的梅凡，以一己之力让暨南校友目睹了海外校友会的新生力量。在梅凡奔走于北美各大校友会的建设过程中，我们见证了海外校友会培育海外校友、壮大校友组织，弘扬暨南声教、将中华文化传播至五洲四海的磅礴力量。

徐名亮：守护上海暨南往事　赓续暨南精神

徐名亮，暨南大学 1961 级数学系校友。暨南大学校友总会原副会长，2004年至 2017 年间担任上海校友会会长，现任上海校友会名誉会长。徐名亮始终以爱国爱校、服务校友为己任，将上海校友会建设为广大校友学习的"大学校"和海内外校友联络情谊的"大舞台"，在团结老校友、保护暨南大学上海办学旧址上做出突出贡献，为传承百年暨南精神添砖加瓦。

在暨南大学百年辉煌历史中，上海时期留下了浓墨重彩的一笔。暨大在上海建校有三次之多，前后近三十年之久。上海真如镇，"孤岛"时期的康定路，抗战胜利后的宝山路、东体育会路，都曾留下暨大师生的欢声笑语和光辉印记。

暨大负笈七年　留下难忘回忆

1961 年，徐名亮在老师的建议下报考理科，考入重建不久的暨南大学，进入数学系学习。由于时代原因，这一届暨南学子在校园度过了长达七年的时光。据徐名亮回忆，当时的暨大学习氛围浓厚、学生思想活跃，晚自习结束后，同学们仍依依不舍地在教学大楼的露台上自由交谈。那个年代，课余生活比较简单，除了板报、书法、诗词等社团外，最受师生欢迎的便是每周六晚在校礼堂前广场放映的电影，每到周六，同学们就拿着凳子聚集在广场上等待电影开幕。

在暨大生活的七年间，徐名亮记忆里多是学校开展的各类社会实践、劳动锻炼。仅在广州市内，他就参与过修建学校游泳池、农场劳动、车陂挖河泥、修缮珠江河堤等活动。1964 年，学校还安排学生前往肇庆市高要县（现高要市）参与社教活动半年，其间徐名亮和历史系同学陈流章合编《熔炉》杂志。1966 年，徐名亮参加由学校师生组建的长征队，从广州出发，先后经过从化、赣南、瑞金、兴国、井冈山、永兴、萍乡、韶山、长沙等地。回首大学七年，徐名亮感慨大学生活不仅提高了他的综合素质，也塑造了他的人生观、价值观，成为他人生中不可或缺的一段经历。

十四年资深会长　感恩校友前辈

　　改革开放的春风吹遍了大江南北，也唤醒了同城生活却联系不多的众多老校友，他们盼望更多的校友可以时常聚首叙旧，共话暨南情。在高宗靖、蓝尤青、何淑馨、马飞海、杨葆生等校友的组织下，经过五年的酝酿筹备，暨南大学上海校友会于1985年正式成立，并在上海市民政局正式注册为独立法人社团，成为暨大最早建立的校友组织之一。

　　了解到上海校友会成立的消息后，徐名亮通过入会老校友的引荐积极参与校友活动。时任会长热情邀请他"到校友会来为大家做点事"，从中学校长职位退休后的徐名亮就这样成了上海校友会的一员。自1994年加入上海校友会任理事，徐名亮先后担任校友会副理事长、副会长，并于2004年至2017年担任上海校友会会长。在徐名亮担任会长的14年间，校友会完成了从暨南上海时期老校友到广州重建十年时期的校友，再到改革开放和新千年中青年校友的接力。

　　徐名亮颇有心得地总结道，上海校友会的特点是校友中老寿星多、上海革命故事多、母校在上海遗址多、校友活动多。在他的心目中，上海校友会有着光荣的革命传统，是广大校友学习的"大学校"，是海内外校友联络情谊的"大平台"，同时也是离退休校友发挥余热的"大舞台"。

　　"尊长厚文"、尊老敬贤成为上海校友会的优良传统。新中国成立前，上海是暨南大学校友学习、工作、生活最集中的地区之一。上海校友会也因此成为老校友数量最多的校友会之一，目前有数百位已过耄耋之年的老校友。在徐名亮看来，上海校友会正是在这批老校友艰苦创业、往来奔走下发展起来的，校友会的正规化、体制化建设也在他们的努力下步入正轨。老校友们在经济能力有限的情况下还踊跃赞助上海校友会的各项活动，在出版会刊《暨南沪讯》、举办全球暨南人聚首上海世博联谊大会等活动时慷慨解囊。令徐名亮印象最深的是，一些老校友虽然久卧病榻，但当见到前来慰问的校友会工作人员时，想到的第一件事就是缴纳会费。

尊老敬老活动是上海校友会的传统及品牌活动之一。校友会在每年年会上都会为年满80、85、90、95、100周岁的校友举办祝寿会，向老校友送上各式纪念品和祝寿红包。此外，校友会还会组织年轻校友携带慰问品走访探望老校友，并陪同母校领导访问德高望重的老校友。广大校友在校友会这个心灵家园里感受到温馨，暨大的精神得以不断传承。同时，每年的清明前后，上海校友们会自发组织纪念先烈活动。20世纪三四十年代，在民族危难之际，许多暨南校友义无反顾投身革命，为后来一代又一代暨南人树立起丰碑。

在上海校友会主办的校友活动中，规模最大、影响最深远的是2010年举办的"全球暨南人聚首上海世博联谊大会"，这是暨大校友会首次在国内举办的全球校友联谊活动。

2009年初，活跃在海外的梅凡、范伟玲学长先后表达希望在上海世博会期间举办联谊活动的愿望，这一愿望很快得到海内外校友会众多校友的响应。"在学校和上海各级领导的指导下，在长三角和美国南加州等兄弟校友会的通力协作和上海一众校友的支持下，我带领上海校友先后召开数十次会议，收发千余封邮件，拨打了数百次国内外长途电话，先后拟定四份草案，发出五个通知，不断修改完善方案，研究落实组织措施，最终编印出一份《联谊活动手册》"，徐名亮回忆起这段经历顿时感慨万分。作为第一次海内外暨南人的联谊活动，广大暨南校友对这次活动的反响十分热烈，南加州校友会带头倡议、率先捐款，一些校友即便未能临会，也积极为联谊会出谋划策、奔走呼号、捐资助力。经过上海校友会与兄弟校友会一年多的酝酿、筹备和组织安排，浦江之滨的世博园内出现诸多胸前挂有浓缩主题"聚"字小红牌的暨南人身影。来自美国、澳大利亚、日本、印度尼西亚及中国香港、澳门、北京、上海、天津、南京、重庆、成都、深圳、珠海等地近 300 名暨南校友，圆梦上海世博会。他们或组团结伴或独自前行，不远万里，会聚一堂。在 5 月 24 日晚举办的文娱晚会上，各校友会自编自演节目，学校领导和校友们举杯祝福、结伴合影、畅叙友情，整场晚会最后在《难忘今宵》的歌声中结束。

保护办学旧址　留存暨南遗迹

新中国成立前，暨南大学曾辗转于上海的真如、宝山、徐汇、静安等地办学近 30 年，其中以真如时期最为辉煌。1937 年淞沪会战爆发，巍巍学府，损毁殆尽，仅残存科学馆和一栋教工宿舍；1938 年暨大迁入上海租界孤岛坚持办学，校舍现位于康定路 528 号的三层洋楼；1946 年暨大回迁上海宝山校区，如今那里也仅存一块纪念碑，作为后人探访和缅怀的纪念物，成为暨大上海办学时期的所有遗存。

保护母校在上海的办学旧址是几代暨南人的夙愿。早在 20 世纪 80 年代，就有不少老校友时常来到旧址瞻仰参观，并向母校提出加强保护暨大旧址的建议。2005 年 5 月，暨南大学百年校庆前夕，徐名亮同上海校友会秘书长陈汉光专程拜访母校商讨旧址保护事宜，最终决定于百年校庆前分别在上海真如办学旧址及宝山路 584 号文法学院旧址建立暨南大学在沪办学旧址纪念碑。在一年多的准备时间里，徐名亮同上海校友会班子四处奔走，落实选址、找石运石、联系有关部门推进工作……终于，2006 年 8 月 14 日，在学校领导、各地校友代表的见证下，两座纪念碑分别在暨大真如和宝山路（原文法学院）旧址落成。

当年暨大在上海办学期间留存的这几处旧址，是这所饱经磨难的百年学府仅存的物质遗迹，对海内外校友而言弥足珍贵。然而，由于办学旧址在当时尚未被纳入文物保护单位，面临着随时被拆除的可能。为了保护暨大在上海的三处办学旧址，徐名亮带着一众校友四处奔走。他们一方面向母校提出保护方案，陪同校领导、各地校友、师生和社会各界人士前往旧址参观考察，另一方面也屡次致信上海市相关部门，多次拜访上海市统战部、文保局、城建等职能部门，呼吁将上海旧址纳入文保单位。

功夫不负有心人。上海校友一次次走访，一次次对暨大历史的讲述，十多年的辛苦奔波，终于有了结果，暨南校友看到了曙光。2015 年，上海市普陀区政府和静安区政府分别将真如旧址、康定路旧址列为区文物保护点，这象征着暨大旧址保护取得了阶段性成果。徐名亮坦言在这过程中遇到了不少困难，但他和一众校友都坚持了下来，"我们这些校友并没有什么资源，都是凭着一股对母校的热爱来做这项工作的"。

而后的多年，上海校友们继续围绕旧址的保护与修复工作，与多方协作探索保护途径。2021 年春天，康定路"最后一课"旧址传来佳音，已由地块开发商进行修缮保护。2022 年，真如科学馆旧址也传来喜讯，经专家论证后，科学馆进行了平移保护，安全平稳地在 260 米外的新址落位，后续也将进行保护性修缮，恢复其原有体量及风貌。

暨南大学曾历经三落三起，五度播迁，上海见证了她的成长，她的坚韧不拔，她的一次次跌倒，又一次次奋起。而今上海暨南人欣喜地迎接一批又一批海内外年轻的暨大学子，前来旧址寻根，努力把根留住，忠信笃敬铭心中。

第 二 章

声教溢四海
朝宗引百川

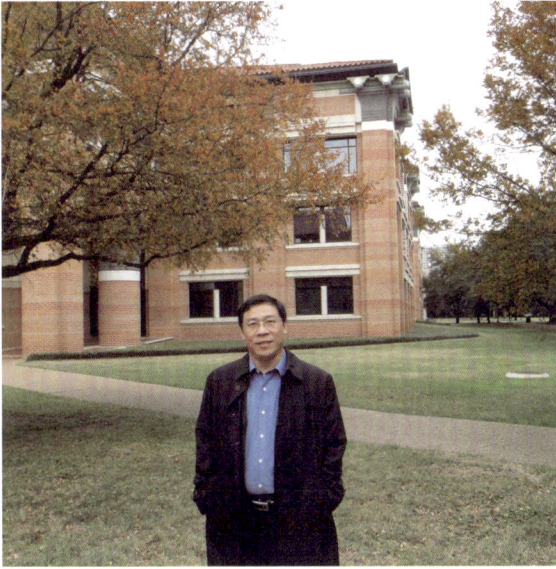

李建发：心系财会 耕耘学术 服务校友

李建发，暨南大学 1980 级会计系校友。厦门大学党委原常务副书记，现任厦门大学管理学院院长，国务院学位委员会工商管理学科评议组成员，中国会计学会副会长。国务院特殊津贴专家，全国杰出会计工作者，国家"万人计划"哲学社会科学领军人才，财政部会计名家。

从机缘巧合来到暨大会计系找到自己的学术志趣，到勇于踏入未知领域成为政府及非营利组织会计学科领域的权威学者，再到作为高校管理者致力于校友工作和基金会发展。42 年来，学生、学者、管理者的身份变化，既让李建发养成了敢于突破未知领域的学术态度，也让他对"双一流"高校建设工作有着独到的理解。

暨大遇良师　养成学术志趣

1980 年，作为改革开放后的第三届高考生，李建发以优异的成绩考入暨南大学会计系。回顾在暨大学习的 4 年时间，李建发认为这段求学经历为他日后的学习、工作和生活奠定了坚实的基础。20 世纪 80 年代暨大的学习氛围十分浓厚，学生大多专心学习，课后则积极参加体育锻炼、集体活动，生活十分规律。李建发本人也养成了爱学习、爱运动的习惯，并能够静下心来学习和思考问题，这对他后来从事学术工作起到非常大的推动作用。

学生时代，李建发印象最深的是陈天星老师、蔡含蕊老师和马黎光老师。陈天星老师作为辅导员和学生联系最多，他十分关注学生们的思想动态、关心学生们的学习和生活，得知李建发考取厦门大学研究生需要去厦门面试时，他主动替李建发向学校申请了补助款。蔡含蕊老师与李建发同为福建老乡，经常在生活上给予他很多的支持和帮助。马黎光老师被李建发称为自己从事会计学术研究的"启蒙老师"。由于学习成绩优异，李建发获得了马老师的特别关注，在学习和一些问题的思考分析上受到马老师的指导、启迪和帮助，这也激发了他对会计学的学术兴趣。

本科毕业时，尽管学校希望李建发留校任教，但通过本科的学习，他深深感到当时的经济体制改革、财会制度改革需要深厚的理论基础，当下自己所掌握的知识还不足以从事教学科研工作。出于学术理想和故土情结，李建发选择前往当时全国会计学排名第一的厦门大学继续攻读研究生，自此开启了学术研究生涯。

顺应时代需要　开拓研究领域

在学术道路上，李建发始终顺应时代发展需要，开拓新的研究领域。早在20世纪80年代，他就涉足尚无人关注的人力资源会计领域，取得一系列研究成果；进入90年代，当许多学者蜂拥至企业会计研究时，他毅然把研究方向转向不被学界看好、极少学者涉足的政府及非营利组织会计领域，并进行开拓性研究。

李建发首先对人力资源领域进行了探索。提及涉足人力资源会计研究的原因，李建发称，由于20世纪80年代改革开放刚刚开始，经济建设、社会建设等都需要人才，如何让人才发挥最大的效益效应，这就与人力资源会计密切相关。人力资源会计不仅要计算人力资源的投资和成本，还要关注人力资源如何发挥更大的效益，相关研究在当时有着很高的理论价值和广阔的实践空间。同时李建发的硕士导师正在从事人力资源会计研究，所以李建发也在导师指导下对人力资源会计进行了开拓性研究。

攻读博士学位期间，李建发转向政府及非营利组织会计研究。这得益于他留校任教以后讲授过"预算会计"和"行政事业单位会计与审计"等相关课程，肇始于 1994 年参与中国会计学会组织的《中国会计百科全书》编写，缘起于 1995 年兼任厦门大学财务处处长和当年财政部召开的第四次全国会计工作会议。1995 年，《中华人民共和国预算法》颁布，国家对预算会计改革、政府会计建设也提上了议事日程。李建发矢志探索相关领域，全面梳理推介国外政府会计改革经验做法，深入研究中国财政预算体制改革和公共财务、政府会计准则制度改革，相继出版多本专著、发表系列学术论文，填补了政府会计理论研究空白。

李建发也因此成为享誉海内外的会计学专家。鉴于他在我国政府及非营利组织会计研究领域的杰出成就和突出贡献，2003 年财政部会计准则委员会改组时聘请他为咨询专家，并担任政府及非营利组织会计咨询专家组组长；2005 年被财政部授予"全国杰出会计工作者"荣誉称号；2007 年被推选担任中国会计学会副会长兼政府及非营利组织会计专业委员会主任、中国教育会计学会副会长；2013 年入选财政部首批"会计名家"培育工程；2014 年担任财政部会计标准战略委员会委员；2015 年担任财政部政府会计准则委员会顾问；2018 年入选国家"万人计划"哲学社会科学领军人才；2020 年获得国家社会科学基金重大项目立项，担任首席专家。

重视校友工作　培育校友文化

由于任职厦门大学副校长、党委副书记期间分管校友及基金会工作，兼任厦门大学教育发展基金会副理事长及秘书长，李建发对校友工作颇有一番心得。论及校友工作，他高度肯定了暨南大学和厦门大学的校友工作，指出两校的校友文化各有特色。在李建发看来，暨大和厦大都"因侨而立，因侨而兴"，暨南大学作为"华侨高等学府"，校友遍布世界各地，厦门大学由爱国侨领领袖陈嘉庚创办，因而两校在校友工作和校友文化上有很多共同点。

　　李建发认为，传承和发扬校友文化要重视两个方面：一是要服务好校友，通过校友会为校友搭建沟通联络平台，并注重做好新老校友之间的联络工作，通过老校友来带动、帮助、支持新校友，这样才能够使校友文化得以传承；二是学校要对校友进行力所能及的帮扶，让校友感受到母校是他们的坚强后盾，在其人生道路的关键时刻能够予以各种各样的支持和帮助，使校友能够更好地成长、成才和发展。

　　捐赠文化的培养要从在校生做起。自2008年起，厦门大学便为在校生提供免费的米饭和矿泉水，并由校友或团体捐赠资助相关开支。学生通过日常饮食就能感受到校友对学校的慷慨捐赠，从而潜移默化地接受捐赠文化的熏陶，捐赠文化也在这种良性循环中得到传承。对于毕业校友，每当毕业周年纪念和校庆日，学校便会邀请校友返校参加纪念活动，并通过新媒体渠道进行广泛宣传，以便让广大校友了解学校的发展情况，形成关心母校、支持母校的氛围。2021年是厦门大学百年校庆，尽管受新冠肺炎疫情的严重影响，还是有9万多名校友克服重重困难回母校参加校庆活动，许多校友慷慨解囊捐助母校的建设发展。

　　李建发也在探索做好校友服务的新路径，他认为首先要建立起校友信息网络，积极收集校友信息；其次，学校要为校友发展搭建平台，利用自身优势发挥好校友与政府、校友与校友之间的桥梁作用。例如，学校可以同当地政府合作开展校友招商活动，形成政府、学校和校友的多赢格局。除了举办大型活动，校友会还可以组织开展跨地区校友联谊活动，让不同地区的校友能够在联谊活动中交换信息，了解不同地方的发展机会和自身优势，实现校友间的资源共享、优势互补和共同发展。

　　对于港澳台侨和海外华人校友，李建发建议学校可以从三个方面开展校友工作。一是设立海外校友会，发挥校友会沟通团结华侨华人和海外校友的作用，并组织校友为华侨华人服务；二是利用高校优势，通过师生访学交流等加强与海外校友的沟通联络，更好地服务校友和华侨华人；三是充分发挥校友会的作用，积极招收港澳台侨学生，同港澳台及海外相关机构开展教学科研合作，通过文教交流、科教融合推动交流合作。

校友会是校友的一个家

"校友会是校友的一个家。"家，这就是李建发对校友会朴实的定义。校友会掌握巨量的校友信息资源，应该起到联络校友、凝聚力量的作用，推动校友间在工作、学习、生活上的相互关心、互相帮助、相互支持。校友会是校友与母校沟通联络的桥梁，通过校友会的信息传递，使校友更全面了解母校发展并支持母校，也使母校更及时了解校友成长并提供支持。

2012—2015 年，李建发曾担任暨南大学厦门校友会会长。任职会长期间，李建发对厦门校友会的发展提出了三大任务：一是要竭尽所能联络在厦门工作的暨大校友，将大家聚集在校友会这个大家庭中；二是要了解校友的具体情况，发挥校友会的平台作用，对新老校友都及时给予关心和帮助；三是要加强厦门校友会与暨大校友总会间的沟通联系。地方校友会要将自身及校友的情况及时反馈到母校，母校也要经常向校友介绍母校改革发展、学科建设、人才培养的成果与情况，这既有利于母校指导和扶植地方校友会，也有助于校友关心和支持母校发展。

访谈最后，李建发寄语暨南学子，希望同学们感恩美好时代，坚定理想信念，练就过硬本领。大学时光是为未来的事业和工作奠定坚实基础的黄金阶段，所以同学们要坚定理想信念，要有家国情怀，要做好知识储备，不断提升能力素质。在学习之余，要多观察社会、了解社会，培养自己的兴趣和志向，为未来的发展打下更好的基础。尽管当今的青年一代都过上了幸福的学习生活，但他希望同学们要听党话、跟党走，要志存高远，将个人志向融入国家发展、民族振兴当中，为建设社会主义现代化强国、实现中华民族伟大复兴的中国梦而共同努力。

肖胜方： 铁肩担道义 为民服务守初心

肖胜方，暨南大学1998级MBA校友。现任全国人大代表、中华全国律师协会副会长、广东省律师协会会长、最高人民法院特约监督员、最高人民检察院特约监督员、广东省法官检察官惩戒委员会委员、广东胜伦律师事务所主任，兼任暨南大学教育发展基金会监事长、广州校友会荣誉会长、MBA联谊会执行副会长。肖胜方为国务院特殊津贴专家，系"全国五一劳动奖章"获得者，先后荣获"全国优秀律师""全国维权十大杰出律师""广州市十大杰出青年""广州市十佳律师"等称号，带领胜伦获得"全国优秀律师事务所"称号。

不论是"铁肩担道义"的广东省律协主席，"想人民之所想，言人民之所言"的全国人大代表，还是"牵联羊城校友情"的广州校友会荣誉会长。从事律师工作 20 多年来，肖胜方践行了自己"不要停下奔跑的脚步，不要忘记出发时的梦想"的人生格言，在工作中心系家国大事，肩扛社会责任，为广大暨南人留下了"心中有理想　脚下有力量"的人生寄语。

心中有理想　脚下有力量

肖胜方受家国情怀影响，从小立志成为一个有理想、有抱负的人，一度认为只有从政，才能为国家和社会做出更多贡献。因此，他在本科期间活跃于各大学生组织，先后担任校学生会主席、广东学联副主席、全国学联委员等。毕业后，他阴差阳错地进入一家企业，从事销售、办公室综合管理等工作，这些经历恰好为他日后对律师行业营销及管理的研究埋下了伏笔。

尽管进入企业工作，但始终胸怀从政梦的肖胜方，从未放弃对政治时事的关注、研究和学习，也逐渐对法律产生了浓厚的兴趣。1996 年，肖胜方一边工作一边备考号称"中国第一考"的司法考试。那段日子，他白天上班，晚上挑灯夜读，常常一坐就是七八个小时，非科班出身的他一天当三天用，夜以继日钻研各种法律，如饥似渴地学习法律理论和办案技巧，律师生涯就在这机缘巧合之下开始了。

　　"学习，是肖主任的一种生活状态"，这是同事们对他的评价。在繁忙的律师执业生涯中，肖胜方见缝插针，连续六年利用周末时间，先后攻读了暨南大学 MBA 课程及中国人民大学民商法研究生课程。积极进取早已成为肖胜方的生活态度，不断地学习和积累也让他不断向着司法部要求的"六懂"（懂法律、懂外语、懂政治、懂经济、懂技术、懂管理）律师的目标迈进。他认为，律师既要有政治敏锐性和社会责任感，也要有丰富的办案经验与技巧来做法律方案策划，还要有深厚的管理学底蕴为企业的健康发展出谋划策、保驾护航，更要有广阔的视野与国际接轨，开拓国际法律服务市场。这也决定了律师是一个励学躬行、活到老学到老的职业。

　　当初选择就读暨南大学 MBA 是为很多同事、老师、同学所不解的，他笑着说："法律的学习固然重要，但 MBA 课程上学到的综合知识不但帮助我建立起与企业家沟通的桥梁，也让我从 MBA 的理论中逐渐找到对律师行业许多困惑与思考的答案，继而萌生了改变律所运营模式，创办公司化运作律所的想法，并通过创办胜伦，把我的理论和想法付诸实践。"

　　谈及当年在暨大的学习和生活，肖胜方仍记忆犹新。他对学校推行的"三三制"学习方式印象很深，MBA 的每一门课程都很有挑战性，那时候的学习对他来说"痛并快乐着"，尤其是事务所管理、战略规划、客户管理及服务营销等课程让他获益匪浅。那段学习经历，不仅为他搭建起与企业家沟通的桥梁，而且所学到的经济学、管理学、人力资源、财务等综合知识更促使他对律师行业现状及未来发展有了更系统和深度的思考。2002 年，在其导师李进一老师的悉心指导和帮助下，他的毕业论文《太阳律师事务所——服务营销策略》融入了他对律师服务营销的思考，大胆提出律师行业应全面转向公司化运营模式，这篇论文因此被认为填补了当时"中国律师服务营销"领域的空白。

　　善谋者行远，实干者乃成。2005 年，肖胜方带着激情与梦想创办了胜伦律师事务所，将心中的"太阳律师事务所"变成了现实。肖胜方提出"一体化运作、专业化分工、团队化管理"的经营理念，以及"超越客户期望，培养忠诚客户"的服务理念，将全副精力投入到事务所的改革创新中，致力于研究解决律师行业管理的各种现实难题。在他的带领下，胜伦在成立第二年即成为广州市首批38家"规范管理律师事务所"之一，成立第六年即获得"全国优秀律师事务所"荣誉称号，此后，每年在党建、事务所管理、业务发展等方面均取得丰硕成果，获得诸多荣誉。

胜伦取得这些发展成就的法宝是什么呢？在肖胜方看来，就是"团队协同"，胜伦是以团队的力量来为客户、为社会服务，管理者可以对事务所的人力、物力等资源进行调配，能够做到既能做好客户交办的事情，也能更多地尽社会责任。随着市场经济的发展，法律服务市场也日趋成熟，竞争日趋激烈，个人即使有再大的本领也很难做到样样精通、面面俱到，必须以团队的力量参与法律服务市场竞争。胜伦坚持的一体化运作、专业化分工、团队化管理，不仅有能力保证高效、高质量的法律服务水准和高度的客户满意度，还有能力尽更多的社会责任，得到社会各界的高度认可。

"不要抛弃母校给你的信念，不要停下奔跑的脚步，不要忘记出发时的梦想。"这是肖胜方 2016 年在暨大毕业典礼时给师弟师妹们的寄语，而现在他用实际行动实现了自己的梦想。

心系家国事　肩扛社会责

2008 年，《中华人民共和国劳动合同法》正式实施，原本律师界不太重视的劳动法领域一下子成为显学。入行以来一直专注劳动法领域的肖胜方也肩负起行内聚集精英、行外致力普法宣传的重任，先后担任省、市两级劳动法律专业委员会主任，由此开启参与律师行业管理，服务全体律师的职业生涯。

多年来，肖胜方担任省、市律协的多个职务，直至2016年当选为广东省律师协会会长。肖胜方曾在竞选省律师协会会长演说中提出要推动"律所管理团队化、律师个人专业化、法律业务产品化"。在广东省律协推动下，越来越多的律所逐步尝试推行一体化管理，不少律所也在进行资源整合，在一体化的程度上有不同的提升，这让肖胜方非常欣慰。

广东是律师大省，目前律师人数已达6.8万余名，全省共有4 700余家律师事务所，他带领广东省律协建立了全国首个省级律协"维护律师执业权利中心"和"投诉受理查处中心"，两个中心的成立彰显了当前律师事业发展保障权利和守住底线的两个根本思路，也为全省律师在网上申请维权，投诉人在网上发起投诉提供了便利。

在积极推动行业改革发展的同时，肖胜方也一直以法律人的专业视角关注着社会各方面亟待解决的问题，以期推动国家社会的进步。正是肖胜方这种强烈的社会责任感和使命感，以及服务大局的意识，无私奉献勇于担当的精神，使他一步步从一名普通律师成长为协会会长、全国人大代表。

自2018年当选全国人大代表以来，肖胜方认真履行代表职责，发挥代表作用，积极建言献策。他在全国人民代表大会上亲历《中华人民共和国宪法修正案》（以下简称《宪法修正案》）及《中华人民共和国民法典》（以下简称《民法典》）通过；走上十三届全国人大三次会议首场的"代表通道"，就《民法典》将给老百姓生活带来的影响接受各大主流媒体集体采访；三次在广东代表团全体会议上发言，得到了与会领导及代表的认可；两次列席全国人大常委会会议，同时两次参加栗战书委员长与列席代表的座谈并发言；两次应邀参加国务院大督查，由于表现出色，收到了国务院办公厅督查室的感谢信；宣讲《宪法》40场、《民法典》70场及习近平法治思想20余场，线上线下受众合计62万余人，让法律从文本走进民心，广受社会各界关注和好评。

代表履职五年，肖胜方总共提交了35个议案、43个建议，内容涵盖法治建设、民生、教育、医疗等多个领域。其中，所提 35 个议案占广东团五年总量 113 个议案的 31%。他从不提争议过大的议案建议，也不追求为博眼球的"雷人"议案建议，关心的都是群众最关心的事情，而群众关心的往往都是能够以点带面的大事。几年来，他的议案建议都先后收到答复，得到了相关部门积极回应和采纳。在他提交的 78 个议案建议中，56 个与法治建设相关，多份议案推动了国家相关领域立法工作的开展，多个建议得到承办单位的肯定，他们还出台相关政策和具体措施，为接下来更高位阶的立法做准备。

"当律师要有家国情怀。"是肖胜方常常对身边的年轻律师讲的话："家国情怀是传统文化中知识分子的使命，是我们今天社会中每一位律师应该具备的道德情操。而且这种情怀不仅要说，更要做。"肖胜方的言辞中无不透露着他对党和国家、对律师行业的热爱与追求。

齐心谋发展　聚力绘新篇

作为暨南大学广州校友会第六届会长，肖胜方亦投入了许多时间和精力在团结校友、服务校友的工作中。自 2017 年担任广州校友会会长以来，他团结广州地区校友，与各地方校友会、学院校友联谊会积极互动，多次主办、协办各类大型活动、品牌活动，积极对外联络互动。

肖胜方带领广州校友会策划并发起的品牌项目"明湖论坛"至今仍非常有影响力。"明湖论坛"自 2019 年创办以来，已举办了四届，每一届都围绕一个粤港澳大湾区发展的主题开展卓有成效的交流和讨论，帮助更多校友及时准确地了解湾区发展动态。即便工作再繁忙，肖胜方也从不缺席任何一届论坛。2019 年 3 月，第一届明湖论坛暨湾区校友会联盟成立仪式上，肖胜方做了题为"两会精神与大湾区建设"的主题演讲，指出：要对粤港澳大湾区的建设保有充分的信心，湾区的建设是时代发展的机遇，同时也是暨南大学的发展机遇。

大湾区校友会联盟的成立是一种机制的建立，以暨大作为连接的纽带，定会为大湾区的建设做出自己的贡献。2021 年 3 月，暨南大学第四届"明湖论坛"顺利举行，肖胜方一如既往地出席致辞，表达对母校及校友们的祝福。

　　新冠肺炎疫情暴发为校友工作带来了新的挑战。肖胜方带领广州校友会对口支援法国校友会抗击疫情，以不同方式为海内外校友捐赠资金和抗疫物资，并积极筹备"暨南·云讲座"，线上与校友进行沟通和展示，用信息技术填平阻碍校友间难以相见的鸿沟。他还在工作间隙多次前往校友企业进行考察交流。被问及为什么能在自身事务繁多的情况下依旧坚持做好校友工作，他回答："校友工作如果没有参与感就很难有获得感，没有获得感则反哺母校就无从谈起。"因此，带着情怀、带着使命、带着担当、带着热爱，肖胜方团结校友一起让广州校友会的工作出新出彩。

贾益民：以侨为本　做华文教育『领航人』

贾益民，暨南大学1978级中文系校友，二级教授，博士生导师。曾任暨南大学副校长、华侨大学校长。国务院特殊津贴专家，荣获泰国国王颁授的"一等泰皇冠勋章"，曾兼任华侨大学海上丝绸之路研究院院长、华文教育研究院院长、海外华文教育与中华文化传播协同创新中心主任、侨务公共外交研究所所长等职。

　　由暨南学子到师者，从暨南大学到华侨大学，"一生当中的暨大情怀没有丝毫消退"，把中华优秀文化传播到五洲四海的努力与坚守，从未变更。贾益民与暨大三十余年相识、相知、相伴，最后相互滋养。习近平总书记曾经用"根、魂、梦"来形容海外华文教育的价值所在，贾益民正是当年植根、播魂、发扬中国梦的华文教育"领航人"。

早岁结缘，与暨大共成长

　　20 世纪 70 年代末的中国，改革潮起。1977 年，关闭十余年之久的高考大门重新打开。这一年冬天和第二年夏天，中国迎来了世界历史上规模最大的考试，上千万考生进入考场。贾益民便是其中一员。当时在部队已经当上了军官的他，出于对"侨校"的新奇和向往，在高考志愿填报时选择了暨南大学。暨大复办后的首届开学典礼定于 10 月 16 日举行，那天刚好是贾益民的农历生日。这段命中注定的暨南情缘由此展开，铺就了贾益民与暨大共成长的 30 年。

　　大学时代，与同窗和恩师相遇相识，织就了贾益民在暨南园的温馨记忆。回想起自己昔日的同窗，贾益民首先想到的便是汪国真。"我和汪国真是同班同学，相处非常好。他学习非常努力和用功，在大学期间非常喜欢诗歌，奠定了他后来成为诗人的基础。"贾益民这样评价汪国真，"汪国真同学是暨大复办后首届学生的杰出代表，也是中国恢复高考后，新一代大学生的杰出代表。"

当时，为支持暨大复办，中央从全国各地的著名高校选拔了一批优秀学者来暨大任教，其中便有当代国内著名的三大散文家之一的秦牧先生。秦牧先生时任暨南大学中文系系主任，贾益民经常跟随导师杨嘉教授到秦牧先生家里请教，先生的谆谆教诲让他时刻铭记于心，也深刻地影响着他后来的为师之道。"秦牧先生对中文系的学生影响很大，一方面，他对学生非常关爱；另一方面，他在和学生交流时总是把教育学生如何做人放在第一位。"

刚刚复办的暨大，条件有限，环境比较艰苦。但由于侨校特色，整个校园的文化活动非常丰富。在暨大 1978 级的学生中，外招生比例较高，主要来自我国的香港和澳门。港澳学生带来了当地的生活习惯、文化习俗，以及新的观念和生活方式，这也为暨南大学奠定了国际文化的基础。"港澳学生和内地学生同处一个校园，大家一起生活一起学习。那个时候没有分宿舍，内招生和外招生都住在一起，关系非常融洽。1978 年复办后，整个暨大校园的文化生活比较开放，学生的思想也很超前，这是在其他校园看不到的。"

在暨大就读的 4 年间，贾益民深刻地感受到侨校多元化、全球化、自由化的特色与优势。殊不知，这段岁月将他与华侨高等教育紧密地联系在一起。30年后的他，已然成为教科书中华文教材的"奠基者"与华文教育的"领军人"。

心系传承，领航华教事业

1982 年，贾益民本科毕业后，报考了本校中文系研究生，随后师从著名归国华侨作家、文艺理论家杨嘉教授和著名文艺学家饶芃子教授攻读文艺学硕士研究生，并于 1985 年毕业，获文艺学硕士学位。研究生期间，贾益民组织创立了暨南大学研究生会，并任创会会长。贾益民担任会长期间组织研究生开展了一系列学术及文化活动，在各大学形成了广泛影响，同时还组织策划创办了

《暨南大学研究生学报》这一重要的学术平台。也正是这一年，贾益民放弃了毕业后回部队服务的机会，应学校需要，从部队转业到暨南大学任教，并先后担任中文系讲师、党总支书记和暨大第一任学生处处长。1993 年，原广州华侨学生补习学校并入暨南大学，成立暨南大学华文学院，这是全国第一所专门从事对外汉语教学和海外华文教育的专业学院。因工作需要，贾益民被任命为暨南大学华文学院副院长，协助院长赖江基教授主持学院工作。华文学院是相对独立的学院，有相对独立的校园，学院有相对独立的人财物、教学科研、学院建设、海内外招生政策、学生教育管理制度、后勤保障等，这些都在贾益民的工作范畴。这个工作给了贾益民很大的挑战和极大的锻炼。也正是这一契机，将贾益民带上华文教育之路。

了解华文教育这一领域后，贾益民就逐步爱上了这项事业，并一直坚持到现在，迄今算来，已经整整 29 年了。这份坚持来源于一份感动，感动于世界范围内华侨华人社会对传承中华语言文化的执着与信念。在贾益民眼中，华侨子弟学习汉语和中华文化的目的不仅是掌握一门语言工具，更重要的是在海外传承中国语言文化，这不仅是华侨华人对子女的殷切期望，更是中华儿女的重要责任和使命。

了解到华文教育的特殊意义，贾益民迫切地投入到工作之中，但是这项"海外留根工程"在实际操作中存在诸多软肋。在第一届世界华文教育大会上，海外华文教育界人士表示当前存在不少困境，既有像缺乏当地政府财政支持、主流语言环境钳制等的"先天缺陷"，也有如教材缺乏针对性、师资力量不足等后天障碍。贾益民下定决心，要在自己力所能及的范围内先"普及"，再"提升"，一步步扫清障碍，吸纳更多海外华裔青少年子弟加入学习华文的行列中。

功夫不负有心人，贾益民的努力很快等来了国家的回应。1995 年，在国务院侨办支持下，贾益民主编了柬埔寨华文学校的小学教材《华文》。这是我国为海外编写的第一套本土化华文教材，作为柬埔寨全国 70 余所华文学校的通用教材，填补了柬埔寨华文教材的空白，对促进柬埔寨的华文教育事业发展发挥了历史性重大作用。1996 年，贾益民又带领华文学院教材编写团队编写了《中文》，包括主教材、练习册和教师教学参考书共 48 册，并于 1997 年陆续面向世界各国发行使用，迄今已连续发行 20 多年。现如今，《中文》已经成为全球性通用中文教材，被海外 100 多个国家和地区的上万所华文（中文）学校采用，总发行量近六千万册，是全球发行量最大的汉语教材。

一套教材适用于如此多的国家和地区以及有如此庞大的发行量，这在中国汉语国际教育教材史以及华文教育教材史上是绝无仅有的。"因此，有人对我说，贾校长，你的学生遍布全世界啊！"善始则功成一半也。从无到有，从普及到提升，这两套教材构建了华文教育的基础教材体系，铺平了海外华裔子弟踏入华文教育的第一段红砖路。

在教学材料优化后，各地优秀的华文教师队伍也在紧锣密鼓地筹建。在岗期间，贾益民积极推动暨南大学、华侨大学等大陆华文教育机构与台湾的世界华语文教育学会以及相关大学紧密合作，共同发起创办了"世界华语文教学研究生论坛""两岸华语文教师论坛""两岸华文教育高峰论坛"等交流与合作平台，通过分享教学经验，探讨教学问题，交流学术研究成果，加强两岸华文教育界的学术联系，共同提升华文教学质量，推动海外华文教育发展，为促进两岸华文教育交流与合作做出了重要贡献。贾益民在暨南大学工作期间，不仅参与创办了暨南大学华文学院的全过程（从学院建院的总体规划到基本建设、专业建设、队伍建设等，无不浸透着贾益民的心血），而且参与创办了暨南大学珠海学院（后改为暨南大学珠海校区），见证了珠海学院从无到有的全过程。

在贾益民策划并主持下，暨南大学华文学院于 1997 年依托暨南大学中文系中国语言文学学科开始招收华文教育方向硕士研究生，首开国内华文教育研究生教育之先河，此后于 2005 年又成功申办并成立了全国大学中的第一个"华文教育本科专业"，专门招收海外华侨华人学生，培养在海外华侨华人社会从事华文教育教学工作的师资，毕业生授予教育学学士学位，以适应海外华侨华人社会以及各国主流社会开展华文教育及汉语教学的需要，使华文教育在大学有了自己的专业及学科地位，这为后来乃至现在的华文教育以及国际中文教育学科建设与发展奠定了重要的发展基础。

贾益民担任暨南大学华文学院院长期间，把华文教育办学由国内逐年拓展到海外，先后在印度尼西亚、新加坡、意大利、美国等国家和地区开办了旨在培养华文教师的华文教育办学平台，还策划创办了《华文教学与研究》专业期刊，使其成为华文教育及汉语国际教育的重要学术阵地和平台，以此培养了国内外一大批华文教育青年教师、学者。后来贾益民担任华侨大学校长，又高瞻远瞩地创办了华侨大学华文教育研究院，在研究院同仁的共同努力下，发起创办编辑出版了全球第一部《世界华文教育》及《世界华文教学》（辑刊），联合中国社会科学研究院文化研究中心、凤凰卫视、社会科学文献出版社、福建省社会科学研究院、台湾世界华语文教育学会在华侨大学创立了海外华文教育与中华文化传播协同创新中心，并兼任中心主任。

在贾益民领航下，一众华文教育工作者同心齐驱，无论是海内外、海峡两岸，还是校际、华社之间，"手拉手"的机会越来越多，双方的温暖和善意也在互动与交流间频频涌现。

校友联络：千里之任，使命必达

2011 年，国务院侨办任命贾益民担任华侨大学校长。多年来深耕于华教事业的发展，如今又在著名侨校分管校友工作，贾益民深谙自己的"多重角色"背负着异于常人的使命：利用他的影响力，团结海内外校友形成合力，协同推进华文教育再发展繁荣。

　　1992—1993 年，贾益民在担任暨南大学学生处处长期间，在暨南大学校友会会长、著名校友马有恒先生的邀请、安排下，成功组织暨南大学优秀学生代表团访问澳门，这项活动深受广大校友欢迎和好评，从 1993 年迄今，这项活动一直没有中断，他衷心感谢马有恒先生的支持和付出。自贾益民在暨南大学和华侨大学从事华文教育工作以来，曾到访西班牙、印度尼西亚、泰国、马来西亚、新加坡、柬埔寨、缅甸、越南、澳大利亚、新西兰、斐济、埃及、南非、乌克兰、俄罗斯、奥地利、美国、加拿大、阿根廷、巴西、葡萄牙、意大利等多个国家及地区，只要有条件，贾益民到当地后有两件事是必做的：一是看望校友；二是拜访当地的华文（中文）学校。2017 年，他到访印尼雅加达，看望雅加达校友会一众校友，随后又马不停蹄前往印尼智民学院，深入了解该华文学校办学情况，为其"传经送宝"。访问期间，贾益民经常挂在嘴边的就是"海外华侨华人校友"与"当地华文教育"。在他看来，海外校友团结工作与发展华文教育之间，有着"1＋1＞2"的化学反应。建校 60 年来，华侨大学培养的海外学子有六七万人之多，遍布全球五大洲。海外校友回流居住国后，已然成为当地华文教育的中坚力量，更是成为多国工商界、文化界交流合作的桥梁。

　　2015 年，在中泰建交 40 周年之际，泰国国王普密蓬·阿杜德授予华侨大学校长贾益民"一等泰皇冠勋章"，以表彰贾益民及华侨大学为泰国在学术交流、人才培养等诸多方面以及在加深泰中两国密切关系上所做出的杰出贡献。

　　随着中国国力不断增强，贾益民敏锐地意识到对待海外华侨华人的态度应逐渐实现从"取"到"给"的转变。历史上海外华侨华人心系故土，反哺家乡；如今，祖（籍）国在国际社会的话语权增大，他们也迫切地希望得到关注与支持。所谓"给"，"就是我们能为他们做些什么。中国有责任和义务去帮助海外华侨华人在当地社会获得自身的建设和发展，保障海外华侨华人在海外的生存安全与发展"。

　　时刻心系侨胞，做坚强后盾，正是贾益民为之奋斗的目标。21 世纪以来，华侨大学已相继成立了华侨华人与区域国别研究院、华侨华人信息中心、泰国研究所、侨务公共外交研究所等一大批涉侨研究机构，并建立了灵活的体制和机制。但这些仅仅是贾益民"大侨务"观的初步探索，"我们的目标是把这些基础性的调研和重大课题的研究结合在一起，建设'一网、一库、一校'，即全球华人华侨网、华人华侨数据库和网上华文学校，从而着力打造一个华侨华人研究的国家智库，为海外华侨华人提供更为有效的服务"。

李凤亮：十三载暨南情缘

忠信笃敬指引远行

李凤亮，暨南大学 1996 级文艺学硕士，1998 年提前攻读博士学位，2001 年毕业后留校任教，先后担任暨南大学中文系讲师、副教授、教授，并任中文系党总支副书记等职。现任南方科技大学党委书记、暨南大学深圳校友会高级顾问。李凤亮校友为国务院特殊津贴专家，中组部"国家高层次人才特殊支持计划"哲学社会科学领军人才，国家"万人计划"领军人才，中宣部文化名家暨"四个一批"人才，"百千万人才工程"国家级人选及"有突出贡献中青年专家"，教育部"新世纪优秀人才支持计划"入选者，广东省宣传思想文化领军人才，广东省第三届优秀社会科学家，深圳市国家级高层次专业领军人才。曾获得中国文化产业 20 年学术贡献奖、霍英东教育基金会"高校青年教师基金"和"高校青年教师奖"、广东省哲学社会科学优秀成果奖、广东省文学评论奖、深圳市第三届"鹏城杰出人才奖"等。

　　"先锋、开创、独立"，这是李凤亮对暨南精神的解读。从负笈南下的暨南学子，到年少有为的暨南学者，再到堪称全国最年轻的大学校长和校党委书记，李凤亮始终秉承暨南大学"忠信笃敬"的校训，以深圳的"拓荒牛"精神，为深圳文化产业探路拓荒。李凤亮始终坚信大学的人才培养之道应当以人文为基石，如此才能建构合乎时代需要的人才，而构建开放包容的校园文化和校友文化则是大学人才培养的应有之义。

十三载与暨大相濡以沫　明湖情缘未了

　　1996 年，李凤亮来到暨南大学学习。那一年，他考入暨南大学文学院文艺学专业，跟随蒋述卓教授攻读硕士学位。年少的他在暨南大学已崭露头角，成了一颗冉冉升起的学术新星。由于成绩优异，李凤亮于 1998 年提前攻读博士学位，并在 2001 年取得博士学位。读研时除了潜心学习，李凤亮还积极参加各类活动，担任研究生学术研究会会长，组织学术年会，编辑学术刊物，并获得"全国三好学生"称号。

　　博士毕业后，李凤亮留校任教，先后担任暨南大学中文系讲师、副教授、教授，并任中文系党总支副书记等职。2006 年，不到 35 岁的李凤亮被破格晋升为教授，并于 2008 年初遴选为博士生导师，成为暨南大学最年轻的文科教授和博士生导师。在从事教学科研工作的同时，他协助学校和院系制定了多个学科建设与管理规划。通过他和同事们的努力，暨南大学海外华文文学与华语传媒研究中心于 2006 年入选广东省高校人文社科重点研究基地，文艺学学科于 2007 年顺利进入国家重点学科建设行列，极大地提升了暨大中文学科建设的整体水平。暨大的侨校特色也影响到李凤亮的学术选择，在暨大这个"华侨最高学府"和华文文学研究重镇中，他从过去的西方小说理论研究逐步转入海外华人诗学领域，并以"当代海外华人学者批评理论研究"申请获得了自己主持的第二个国家社科基金项目，先后出版了《彼岸的现代性——美国华人批评家访谈录》《移动的诗学——中国古典文论现代观照的海外视野》《20 世纪中国文学批评的海外视野：当代海外华人学者批评理论研究》等著作，赢得了学术界的认可。"学校和学科是舞台，个人的研究是舞蹈，舞蹈和舞台之间不是单纯被动的适应过程，二者的互动和融合才能实现创新和共赢。"这是李凤亮从事教学科研工作的心得。

2008 年，李凤亮调到深圳工作，虽然离开了相濡以沫十三载的暨南园，但他也会趁回广州开会的机会，专门到当年住过的宿舍金陵苑 1 栋去看看，回忆青春年少的时光。在 2021 年庆祝暨南大学建校 115 周年暨董事会成立 100 周年纪念大会上，李凤亮受邀作为校友代表发言，他深情说道："这些年来，我常常回想起在暨南园学习、工作、生活的时光，充实且快乐。十三载与暨大相濡以沫，注定终生与明湖情缘未了！感恩母校的培育，感谢我的恩师、我的同学、我的同事，你们是我永远的青春记忆。"

用暨大学术链接深圳人文

在中国最年轻大学校长的"名册"上，一定会有"李凤亮"这个闪亮的名字。2008 年秋天，从美国访学归国不久，36 岁的李凤亮被广东省委选任至深圳大学工作，成为当时全国最年轻的大学副校长之一。"少年得志"的李凤亮也曾因缺乏经验而苦恼，做好一件事常常需要更加费心。李凤亮坦言，刚到深圳大学工作时压力确实很大，他常在床头放一支笔，随时记下自己对工作的思考和设想。

在李凤亮心中，"这里是可以做事的地方，是可以实现梦想的地方"。在此后的十余年里，李凤亮与深圳共成长，他在这座年轻富有活力的城市中追逐自己的梦想，也参加和见证了深圳经济特区高等教育和文化产业的发展。2009年，李凤亮创办深圳大学文化产业研究院，将其打造成全国文化产业研究的创新平台与新型智库。2016年，李凤亮调任南方科技大学党委副书记，并于2021年升任校党委书记，加快推动南科大新型特色文科的建设。当前，他正带领南科大争当新型研究型大学的冲锋舟和先遣队。

回想多年来在文化领域深耕细作所取得的成就，李凤亮认为这和他在暨大的学术耕耘、科研积累密不可分。早在暨南大学任教时，李凤亮就曾密切关注深圳文化事业的进展，参与完成了《深圳市文化产业战略发展规划》的编写工作。调研过程中，他实地调查了深圳文化产业链条中的上下游相关企业机构，这让他系统认识了深圳文化产业的细节和全貌，让学术与实践、与基层深度结合。"暨南大学有很多富有创新精神的学者，暨南精神也是先锋、开创、独立，这与深圳这座城市的核心精神是不谋而合的。我把我在暨大的学术耕耘、科研积累应用到深圳的工作中，致力于深圳的文化产业建设。"正所谓"暨南情，深圳缘"，李凤亮进入深圳学术界、人文界、文化产业界的核心地带后，开始秉承深圳早年的"拓荒牛"精神，为深圳文化产业探路拓荒。

李凤亮敏锐地将传统文科与其他社会科学融合起来。在他看来，文科有偏人文的一部分，重在学术传承创新；也有偏社会科学的一部分，重在对策应用。人文学术看似"无用"，实则关乎价值重建、精神奠基、心灵回归。有人说一个国家理工科不强一打就倒，而如果文科不强不打自倒，他认为颇有点道理。

当代人文社会科学能够在社会转型、经济发展和软实力建构的进程中发挥日益重要的作用。在这样的理念指引下，李凤亮创办深圳大学文化产业研究院，并先后成为广东省教育厅"人文社科重点研究基地"、广东省委宣传部"重点培育智库"、广东省"文化产业与新媒体后备人才培训基地"，获文化和旅游部批准筹建华南地区唯一的"国家文化创新研究中心"，成为全国文化产业研究的创新平台与新型智库。

2016 年调任南方科技大学后，他不断推动新型特色文科的建设，推动实施《思想文化建设五年行动纲要》。当前，在南方科技大学党委书记这一角色中，李凤亮正带领着这所新型研究型大学不断探索，向着建成贡献力、创新力、影响力卓著的世界一流研究型大学这一目标，大步前进，为高等教育创新发展贡献力量。同时，他正带领学术团队在南方科技大学积极筹建全球城市文明典范研究院，力争通过几年努力，将研究院打造成体现"全球视野、国家立场、时代精神、深圳表达"，在国内外有广泛影响力的全球城市文明学术研究中心、决策咨询高地、交流传播平台，成为新时代中国特色新型智库建设的典范，成为粤港澳大湾区和深圳学术创新探索的重要载体。

从初涉深圳、进入深圳到了解深圳、参与建设深圳——这一条贯穿 20 多年的时间轨迹，是冥冥之中注定的深圳缘分；他一步一个脚印地摸着石头过河，润化着深圳这座城市的人文脉络，让深圳的文化版图日渐丰富。

忠信笃敬指引前行　校友文化深植心中

谈到高校的发展定位，李凤亮特别将校园文化和校友文化作为学校发展水平的重要衡量标准。在李凤亮看来，除了论文、项目、ESI 排名之外，国际化程度、校园文化、校友文化这些软性的层面有时更能体现学校发展的水平和特色。多样文化在暨南园中共存，就是暨南校园文化最突出的特色之一。当初他来到暨大时，学校的校园文化就令他耳目一新，校园里有很多外招生，他们穿着时尚服装，当众用亲吻这样亲密的方式来相互问候。开放、包容和多元的校园文化浸润和培育了在这里成长的人，"过去的观念讲教书育人、环境育人、管理育人、服务育人，现在我们也要提倡文化育人"。

在校友工作方面，李凤亮也有一些独到的见解。他曾担任暨大深圳校友会副会长、高级顾问，在深大、南科大任职时也分管过校友工作，这些经历让他十分注意培育校友文化，也形成了自己的一套工作思路。他认为校友工作是情感、文化工作，而不仅仅是单纯的募捐行动；校友工作对象是全体校友，不是少数杰出校友；校友工作需要全校各部门形成联动，不单是校友会这一个部门的职责；校友工作要改革传统工作方式，重视发挥新媒体的作用；校友活动应当有多样化的形式，加强与在校生的互动交流。

李凤亮离开暨大已经十余年了，可他经常回到暨大，参加研讨、看望老师、指导学生。作为校友，他始终关心和支持母校的建设发展，积极参加母校和深圳校友会的活动。几年前，他还和1998级的博士研究生同学共同发起募捐，捐赠设立了一笔面向研究生学术创新的奖学金，以表达关心师弟师妹成长成才的涓涓心意。

岁月变幻，使他与母校紧紧相连的，正是十三载结下的暨南情缘，是暨南经历丰润了他的人生品格。多年来，他和许多校友一样，始终牢记着暨南大学的校训——"忠信笃敬"，这是暨大的校训，也是暨南人的品格。在他看来，"忠"是忠诚、忠厚、忠实，忠诚于国家，忠厚于事业，忠实于自己。"信"是诚信、自信、坚信，对他人诚信，对自己自信，对梦想坚信。"笃"是笃学、笃行、笃定，知识要笃学，真理要笃行，内心要笃定。"敬"是敬人、敬己、敬业，尊敬他人，尊敬自己，尊敬自己的职业。走出暨南学府，李凤亮坚持教书育人，潜心学术研究，从西方小说理论研究到海外华人诗学批评，再到文化产业与文明创新研究，他努力在文化领域深耕细作，时刻瞄准国家需求，呼应时代诉求。从一个普通的青年教师逐渐成长为一所新型研究型大学的党委书记，入选国家"万人计划"、中宣部"四个一批"人才、"广东省优秀社会科学家"，李凤亮始终追求知行合一、脚踏实地、不言放弃。他说："'忠信笃敬'让我懂得，只有做到忠厚忠实、自信诚信，才能做好'大写的人'；只有做到敬人敬己、笃定笃行，才能成就无悔人生。"

张晖：以世界眼光报道中国新时代

用人类胸怀传播中国最强音

张晖，暨南大学 1986 级国际新闻与传播专业校友。现任中央广播电视总台亚洲非洲地区语言节目中心副主任。先后担任中国国际广播电台国际部编辑、时政部记者、国际台驻英国记者站记者、时政部主任、国际台时政报道首席记者。荣获第八届长江韬奋奖·长江新闻奖，是国务院特殊津贴专家，中宣部文化名家暨"四个一批"人才。曾任暨南大学北京校友会会长。

作为国际媒体人，张晖有着多个岗位的工作经历，她担任过出入"红墙"的时政记者，向外国受众倾情讲述中国最高领导人的治国理政故事；她曾毅然剪掉青丝、亲赴抗洪一线勇当逆行"壮士"；她也曾赴任英国，将英国的政、经、文、体讯息报道给国人。在当下世界经历百年未有之大变局和中国踏上新征程的时空坐标交汇点上，张晖正以世界眼光报道中国新时代，以人类胸怀传播中国最强音，用实际行动践行着暨南人"声教讫于四海"的光荣使命。

眼底明湖水　胸中暨南情

如果说"念念不忘，必有回响"是真的，那么张晖的人生经历就是对这句话最好的诠释。

小时候，张晖是一个收音机迷，抱着"黑匣子"长大的她"总想从神秘的小匣子里掏出点什么东西来"，渴望"跑到这个匣子里给他人讲故事、报新闻"。小学三年级时，张晖向她心中的目标迈出了第一步。那年，她考入天津广播事业局少儿剧组，成为一名业余小演员。从那时起，便开启了她的"触屏"生涯。"朗诵、广播剧、电视剧，都有我的份儿。我还主演了中国第一部反映青少年学习生活的电视剧《火苗》。"张晖回忆道，语气中充满了自豪，这段经历使张晖更加坚定了做一名传媒人的信心。1986年，高中毕业的张晖带着成为一名优秀"传播者"的志向，离开家乡天津，南下广州追逐自己的理想，入读暨南大学国际新闻与传播专业。

从未到过南方的张晖刚走进暨大就被花园般的校园迷住了，"还记得新闻写作课老师给我们出的第一篇文章题目就是写校园，有同学将校园形容为'古木参天'，当时笑煞了一班同学，现在想来真是准确无误啊！"尽管离开校园已经30多年，张晖讲起有关校园中的一草一木仍然如数家珍，"毕业前每个同学选择一棵'古木'探出头拍成的照片成为我相册中的经典"。

在刻苦学习之余，张晖还活跃在学生会、广播站等学生组织，当年的任课教师马秋枫教授对她印象很深："这个女孩子热情、开朗，乐于和大家交流，很有主见，每天给大家播新闻，读小说、散文，在各种大型活动中做主持人。她还热衷于办化妆舞会、歌会等。"她的足迹遍布校园各处，明湖和南湖畔的小路是她和同学们最喜欢的地方，充满暨大特色的"蒙古包"同样留下了张晖青春的记忆，"每逢周末在那里举行的烛光舞会，或奔放或潇洒或蓝调般的忧伤是我们平日里寒窗苦读的反衬写照"。当年丰富多彩的校园生活让她记忆犹新。

不同于大多数人对于母校的记忆，暨大让张晖感触最深的，是校园里路名和校舍名的取定，"金陵苑、真如苑、建阳苑……时刻提醒着暨南学子们，我们的学校从南京到上海到福建再到广州的历史印迹和时代变迁"。时至今日，张晖仍记得这些路名与校舍名。从北到南，三落三起，五度播迁，许多校史遗迹文物已消失在历史长河中，但这些千里之外的地名记录着学校百年沧桑的历史，也成为无数暨南学子日后魂牵梦萦的第二故乡。在张晖看来，这些路名和校舍名是历史教育和时代教育的一个缩影，"正是大学给了我人生思考的启迪，教给我辩证唯物主义思想和方法论，确定了我正确的历史观和人文观，一条路、一个校舍，延展了我的思考和对历史的追寻，让我懂得了一叶知秋，懂得了以小见大，懂得了历史辩证地看待问题"。

在母校90周年校庆时，毕业多年的张晖携北京校友会的新老校友拍摄了纪录片《暨南春秋》，献礼母校九十华诞。这个纪录片恰是从校园里的路名和校舍名入手，以母校遗址探寻方式，走遍南京、上海、福建、广州……将学校近一个世纪的历史浓缩在这一条条小路上和一座座校舍中。

红墙的诱惑　不懈的追求

毕业后，张晖毅然选择北上首都，在中国国际广播电台开始了自己的职业生涯。而对于选择回到北方成就自己的理想，张晖将之称为"红墙的诱惑"。这要从她选择到中央电视台实习说起，每当她穿行在长安街，经过天安门广场时，一种庄严感、神圣感、骄傲感就会油然而生，"宽阔的长安街、高大的天安门城楼、庄严的人民大会堂、肃穆的人民英雄纪念碑、神秘的中南海红色围墙……把我牢牢地吸住，"张晖笑着说，"我的新闻从业经历就是被这样一个神秘的力量吸引着，且这股力量始终对我有着强大的吸引力。"之后，张晖做时政记者时，几乎天天都要进入人民大会堂，走进中南海，"正是这样的吸引，使我不断增强自己的政治意识，提高政治站位。我觉得这既是对新闻工作者的政治要求，也是提高理论修养和传播技能的职业要求"。

"作为新闻工作者，每一天接触的都是新鲜的事物，每一次采访都会有新的收获，也许这就是新闻的魅力所在吧。"张晖坦言对这份职业的热爱。她回忆起在过往的新闻报道中印象最深的一件事。1998 年，我国南北方都遭遇百年未遇的洪灾，抗洪抢险是全国人民的大事，更是每一个新闻工作者报道的主题。照理说，张晖作为时政记者，并不需要前往抗洪一线做报道，但她主动请缨加入"抗洪壮士"的队伍。于是，张晖被派往哈尔滨报道松花江抗洪情况。要知道那是一次极其危险的采访行动，松花江随时都有可能发生管涌，洪水一旦冲破堤岸就会淹没整座城市。临行前，这个在大家眼中"时髦、爱美"的女孩儿将她珍爱的一头秀发剪短，穿上一身迷彩衣，背起一个背包就出发了。当时这些抗洪记者被称为"壮士"，台里领导看到"壮士"名单中有张晖的名字，感到很诧异，"在领导的心目中，我作为时政记者是出入大会堂、踩着红地毯、乘坐专机的，他怎么也没想到我会出现在前往抗洪前线的队伍当中"。在那次报道中，她第一次切身感受到什么是洪水无情人有情，什么是军民鱼水情，什么是中国故事，如何讲好中国故事。"我深夜探访松花江畔，用细腻的笔触从细节入手来做我的报道。记得我那篇报道是这样开头的：'月光下的松花江稍显平静了些，一浪接着一浪缓缓冲击着大堤上高高垒起的沙袋。在长达几公里的湿漉漉的大堤上，成片成片的红光在闪烁，远远望去像是闪闪的红星。走近细瞧才知道，解放军战士们刚刚经历过一场与洪水的较量，垒起那高高的沙袋，困与乏让他们就在这湿湿的大堤上躺下睡着了，那闪闪的红星是附近的居民担心子弟兵被蚊子咬而为他们点上的蚊香。'没有宏大场面，没有豪言壮语，几句话道出了现场的静和静背后的波澜壮阔与鱼水深情。"当年张晖从抗洪前线发回的这些带着温度的报道，得到同行的赞赏，也收获了海外受众的良好反馈。

锐意闯新路　时政开新篇

时政新闻，在大多数人眼中可能是较为呆板枯燥的，因为它本身具有较强的政策性和敏感性。张晖从 1993 年起被调入原中国国际广播电台时政部，负责时政新闻的对外报道。那时候，时政新闻国际传播几乎是模式化、脸谱化、千篇一律的，这对于不甘寂寞、勇于尝试新事物的张晖来说可谓是一个新挑战。如何让"平面"的时政报道呈现"立体化"；如何将中国概念和政治性表达转化为外国受众能听懂易理解的话语；如何通过我们的报道把国家领导人的人格魅力和形象风采展示出来；说白了，"如何让时政报道'鲜活'起来，使之更加贴近海外受众，并进而入脑入心"，这一切成为张晖在时政报道过程中孜孜以求的目标和方向，并为此不断求索和创新。她的作品多次获得中国新闻奖等国家级奖项，并荣获新闻记者最高荣誉奖项——长江韬奋奖·长江新闻奖。

　　作为中国的新闻工作者，张晖认为最重要的是要牢记并深刻理解我们所秉持的新闻观是马克思主义新闻观。马克思主义新闻观最核心的原则就是坚持党性原则、人民性原则、真实性原则，坚持把握正确舆论导向，坚持政治家办报原则。"记得我去一些大学和新闻系的同学们交流时常对他们说的一句话就是，'新闻是没有国界的，但新闻记者是有祖国的'。我想这应该是对马克思主义新闻观的通俗诠释了。"正是这样的坚持与信仰、高度的新闻素养与敬业精神、对新闻事业的热爱与追求，让张晖在工作中能够以中国立场、世界眼光、人类胸怀去报道中国、讲述中国，让外国受众感知中国、读懂中国。

不忘来时路　方知向何行

　　一直以来，几代暨南新传人筚路蓝缕，披荆斩棘，一路向前，书写了传媒教育史的重要篇章。作为从暨南园走出去的新闻工作者，谈到如何发挥新闻所长传播暨南精神和中华文化时，张晖说，中华文明讲仁爱、重民本、守诚信、崇正义、尚和合、求大同的精神特质是每一个中华儿女骨血中带着的基因，是世代传承下来的。作为一个国际传播媒体人，她的职责就是向世界充分展示中华优秀传统文化蕴含的全人类共同价值，对外讲清楚中华优秀传统文化中蕴含的中国人的宇宙观、天下观、社会观、道德观，但她同时认为，这不仅仅是媒体人的职责，也是每一个中华儿女的职责，因为每一个个体既是中华文明的传承者，也是传播者。"我们常说，有海水的地方就有暨南人。我有一种强烈的感觉，人走得越远就越会思念家乡，离开得越久就越有落叶归根的故土之恋。这就是一种朴素的赤子情怀吧。暨南学子，无论走到哪里都不应忘记自己的根、自己的文化厚土、自己的文明归属。"

　　而对于母校新闻专业的师弟师妹们，张晖则真诚送上自己对于新闻工作者职责使命的理解，归结起来就是"讲好四个故事"，即用心用情讲好习近平总书记的故事，塑造大国领袖形象，展现其人格魅力和思想风范；讲好中国共产党的故事，展现我们的国家在党的领导下各项事业取得的历史性成就、发生的历史性变革；讲好中国人民的故事，呈现新时代中国人民奋发向上的精神风貌；讲好"今日中国"的故事，客观、真实、全面呈现当代中国龙腾虎跃、活色生香的现实生活。张晖说，这"四个故事"说起来容易，真要讲好可并非易事，需要理论修养、文化学养、经历经验、方法手段，甚至需要挫折考验。她说，"既需要把'四个故事'放入世界维度下去呈现，又需要把'四个故事'浓缩到屋檐下撑起的一方烟火中去讲述"。针对这一宏观和微观视角的融合理念，张晖解释说，"在世界经历百年未有之大变局和中国踏上新征程的时空坐标交汇点上，准确把握了世界观，才能体现中国观；作品有了烟火气，才能接地气，接了地气，才会有生气"。

转眼之间，暨南大学校友总会成立三十年了。"俗话说，三十而立，而立之年的校友总会是全体暨南人的精神家园。"作为曾经的暨南大学北京校友会会长，张晖也一直将凝聚校友力量、助力母校发展视为自己的责任。在肯定校友会发展成绩的同时，她对校友会有三比："一来把它比作一棵树，二来把它比作一盆火，三来把它比作一根纽带。"她由衷希望暨南大学校友总会心怀国之大者，致广大而尽精微，让这棵树能够枝繁叶茂，使五洲四海的暨南人有如似锦繁花；让这盆火能够薪火相传，点燃所有暨南人的赤子之心；让这根纽带连接普天下暨南人的力量，使它结实而永续。正所谓："东渐于海，西被于流沙，朔南暨，声教讫于四海。"

第 三 章

博爱致远
崇文重教

叶惠全：奋斗感恩并行　赤子之心常在

叶惠全，1993 年本科毕业于暨南大学经济学院国际经济系，2004 年再度回校深造，获 2007 届高级工商管理硕士（EMBA）学位。现任广东中惠集团有限公司董事长、暨南大学董事会董事。此外，他还有众多头衔：经济学院校友联谊会会长、管理学院校友联谊会会长、东莞校友会联席会长、校友企业家联盟会长、中国侨商投资企业协会副会长、世界莞商联合会常务副会长、中国国土经济学会房地产资源专业委员会会长等。

　　身为成功企业家的叶惠全拥有众多头衔，其中"暨南人"是相伴他最为长久、情感最为深厚的称呼。尽管众多荣誉加持，他仍不忘来时路的笃实。十余年间，他对暨大和社会各界的捐助超过 1.6 亿元。奉献于他而言是一种甘之如饴的向上力量，他对暨大的每一笔捐赠，都好像是一场系联着感恩之情的"双向奔赴"，暨大育他成才，而他付真心、献真情、出真力，低调又倾尽全力地予以回报。拥有这样一位踏实如斯的企业家与爱校者，是社会与暨大的幸运。

重温暨南时光：学习知识，学习做人

　　叶惠全说："在暨大，学习知识的同时也是在学习做人。"谈及母校暨南大学，叶惠全的话语充满感激之情。他很荣幸当年能够成为暨大经济系和 EMBA 的一名学生。"EMBA 每个月上四天课，再忙我也会去，因为我不但可以享受一个完全的学习环境，而且很放松，身体得到了休息，学习也不耽误。"在暨大的课堂上，叶惠全不仅在学识上得到提升，也在师长身上学会了许多做人的道理。"我的老师邓瑞林、杨英、陈雪梅、杨水星等先生，因为关心学生，所以和学生沟通很多，从他们身上总能学到很多做人的道理。"暨大课堂之外，叶惠全也从社会实践中获取了人生经验。他说："暨大最难能可贵的精神就是包容、务实，我在大学时就开始一边学习一边实践，收获非常大。"在校学习期间，叶惠全几平每个周末都会到学校附近的西餐厅做服务员，以此积累更多的社会经验。

这些美好的精神和品质一直影响着叶惠全，并帮助他实现了自己的事业理想。创业初期他每天工作 16 个小时，旁人觉得很是辛苦和劳累，叶惠全反而认为自己所做的一切都值得。他始终坚信，创业最重要的就是坚持，认定的事情不应该轻言放弃。凭借着对理想的坚持和永不服输的志气，叶惠全的事业蒸蒸日上。如今，由叶惠全一手创办的中惠集团已经发展成为一家集房地产开发、物业服务、金融、文化、科技产业园、大健康以及高端旅游于一体的投资集团。叶惠全认为自己事业的成功，离不开学校为他提供的良好条件："多年来我能够取得这样的成绩，除了我个人的努力，当年在母校的学习经历、老师们的培养也起到了重要的作用。"

谈及对母校的深厚情谊，叶惠全说道："我对母校的感情很深，我的知识是在母校获得的，我与妻子也是在母校相识的。"在暨南园的这段时光成就了叶惠全与其夫人余丹云的缘分，他们在校园里相识相知，终成佳话。叶惠全认为这是母校赐予他人生"最大的收获"，夫人余丹云支撑他走过创业的艰辛岁月，是他工作上的左膀右臂，生活中的贴心伴侣。叶惠全总说暨南大学是自己的"第二个家"，这个家传达给他的价值观是他拥有快乐人生的起点。

成就人生理想： 奋斗与感恩并行

1993 年，叶惠全从暨南大学毕业后，便走上了自主创业之路。1994 年，他着手创办中惠集团。创业初期，叶惠全每天工作 16 个小时，白天与客户沟通交流，晚上进行工作的反思总结。在此过程中，叶惠全始终记得暨南大学原校长胡军教授说过的一段话："一个 5 年的企业靠老板的胆量，一个 10 年的企业靠的是运气，15 年的企业靠的是现代化的管理，20 年以上的企业靠的是企业的文化，上百年的企业靠的是信仰。"叶惠全希望将企业发展为百年企业，他对胡军教授的话进行了深入思考，并按百年企业的发展目标，制定出企业的战略和规划。

中惠集团在叶惠全的引领下逐渐发展壮大，并于 1999 年进入房地产市场，逐渐布局全国，实现多元化发展，先后获得"中国房地产资信百强企业""广东地产资信 20 强企业""2007—2009 年广东房地产综合实力 10 强企业""2007—2009 年广东房地产最具竞争力 10 强企业""2007—2009 年广东房地产诚信经营 10 强企业""2007 年中国房地产省市品牌 TOP 10""2008 年中国房地产百强企业""2005—2009 广东房地产 10 强企业"等荣誉称号。

叶惠全的人生信念与他的名字非常契合——富而思源、回馈社会。在创造财富的同时，他不断回馈社会，支持母校建设。除了是一位成功的企业家外，叶惠全还是一位积极承担社会责任的慈善家，他一直在中国的文教、卫生、扶贫等领域做贡献，累计已捐资捐物超过 1.6 亿元。2014 年，叶惠全荣登"2014 胡润慈善榜"第 28 位，位列粤商第 5 名。叶惠全热心教育事业，一直关心母校暨南大学的发展，多次在母校发展的关键时刻，捐资助力母校建设。从 1995 年（毕业 2 年后）至今，他累计向暨南大学捐款上亿元，对学校的基础建设、教学科研、人才培养等进行全方位的支持。在 2009 年 3 月、11 月的暨南大学第一、二届"校董校友校市合作单位毕业生招聘会"上，叶惠全率领中惠集团为母校毕业生提供了财务、营销、人力资源等多个就业岗位，并积极发动其他企业前来暨大进行招聘。2007 年，叶惠全捐赠 1 500 万元修缮管理学院大楼"惠全楼"。2009 年，他捐赠 1 000 万元修缮经济学院大楼"中惠楼"。2013 年 6 月 28 日，他捐赠 5 000 万元支持番禺新校区的图书馆建设。2016 年，他参与捐建"经济学院校友林"。

叶惠全感念在暨南大学的学习和生活带给自己的宝贵精神财富。他表示，多年来企业努力回馈社会，也来源于对母校的感激。"我的母校成就了今天的我，在企业蓬勃发展的同时我要感恩母校，回报社会，这是我的责任，我永远记得在暨南大学的学习和生活，它带给我宝贵的精神财富。"叶惠全表示，向母校捐款，也是希望尽可能给暨大学子提供创新支持平台，让他们尽情发挥自由的创意和创想。他勉励在校学子努力学习，为母校争光，并衷心寄语师弟师妹："我想特别提醒同学们的是，不管是在大学校园里还是在社会上，都千万不能浮躁，千万不可有一步登天的幻想，滴水可以穿石，靠的是专注不移，聚沙得以成塔，凭的是日积月累。生命不是短程赛跑，没有人能一夕成功。只有树立了远大的志向，辅以实践的磨砺，才能到达成功的彼岸。我坚信暨大学子前途无量。"

赤诚之心常在： 发扬暨南校友精神

叶惠全现任暨南大学校董，同时也是经济学院校友联谊会第一届、第二届会长，以及管理学院校友联谊会第一届会长。在任期间，他积极参与校友会工作和相关活动，为经济学院、管理学院的建设出资献策，助力暨南大学发展。叶惠全表示，为回馈母校，同时鼓励更多的校友支持学校建设，激励他们的爱校之情，五位同仁以共同的暨南学子身份相聚在一起，借鉴国外大学的先进经验，发起创立了广州暨南投资有限公司，并立志将该公司打造成"暨大发展的奉献者、校友文化的践行者、校友资源的融合者、校友事业的助推者、金融创新的求实者"。通过金融运营，暨南投资有限公司的部分收益成为支持学校发展的资金。这是校友捐资的一种创新形式，更是叶惠全等暨南校友回报母校、支持母校建设的创新之举。

校友联谊会的发展也是叶惠全最为上心的事情。为了不辜负大家的期望和嘱托，让校友活动发展常态化、形式多样化，身为校友联谊会会长的叶惠全认真履行职责，积极开展工作，努力把校友联谊会的工作做到最好。叶惠全说，经济学院、管理学院的校友联谊会是学院校友和母校之间沟通的桥梁，是大家共同的精神家园。联谊会的成立汇聚着校友的智慧和需求，在促进学院发展的同时也是校友创业项目的孵化机，能够使校友们依托暨大丰富的资源，结合自身的实际需求，有效地推动"产、学、研"相互结合，在思想交流、事业合作、信息共享等方面实现共赢。

作为校董兼活跃校友，叶惠全一直关心和支持着母校的建设发展。看到母校近年来惊人的变化，他心中既兴奋又感动，对暨南大学的未来充满信心。叶惠全希望学校能够一如既往地支持校友工作，鼓励校友们通过学校的平台发展自己，寻求更多的合作机会，多回家看看。"暨大是我家，我爱我家，"叶惠全说道。

梁志斌：校地传情　助力校区建设
推动体育发展

梁志斌，暨南大学 1985 级计算机科学系校友。现任暨南大学董事会董事、东莞市新世纪房地产开发有限公司董事长、中国篮球协会副主席、CBA 广东新世纪篮球俱乐部投资人，曾任东莞市房地产业协会会长。一直以来，梁志斌十分关心和支持母校的建设和发展，积极通过各种方式支持文化、教育、体育等各项社会公益事业。

热心体育事业 公益回馈社会

梁志斌成长于体育城市——东莞，在这个地处珠江三角洲的河网地域，尚武练拳、醒狮赛舟、篮足并举，民间体育活动参与者众多。透过体育这扇窗口，梁志斌从小目睹着饱含活力的体育精神织就出的开放、包容、创新的家乡魅力。

长大后，梁志斌热心于家乡体育事业的发展，更是为中国篮球事业发展做出了卓越贡献。他不仅是深圳新世纪篮球俱乐部和东莞新世纪篮球俱乐部的投资人，还先后担任中职联篮球俱乐部（北京）股份有限公司董事和中国篮协副主席。

在篮球界，梁志斌有着善待青训队员、重用功勋老将、惜才爱才的美名。2008 年，篮球国青队前队长王屾罹患胸腺瘤，并转移为白血病，尚未打出身价的他无力偿还医疗费，只能变卖房产筹措医疗费用。尽管王屾并不是深圳青训球员，其生涯也未与深圳男篮有过任何交集，但出于爱才之心，梁志斌义无反顾，以新世纪篮球俱乐部的名义捐出数十万元，使王屾得以完成骨髓移植手术。

2019 年 3 月，在 2018—2019 赛季中国女子篮球联赛（WCBA）总决赛中，由梁志斌担任投资人的东莞新彤盛队夺得赛季联赛冠军，为广东女篮赢得队史上第一座总冠军奖杯。在 2021 年第十四届全运会上，作为深圳新世纪篮球俱乐部和东莞新世纪篮球俱乐部的投资人，梁志斌共派出 5 支队伍参加篮球项目决赛角逐，最终获得了 3 金 1 银 3 铜的优异成绩。2022 年 2 月 23 日，中国篮协新一届领导班子成员正式公布，梁志斌继续出任中国篮协副主席。

在梁志斌心中，篮球赛中每一个跳投、每一次对抗、每一声呐喊都镌刻着这座城市开拓进取、顽强拼搏的精神品格。在体育精神的激励下，无数像他一样的实干者会继续蓬勃向上，推动家乡在未来勇立潮头，一往无前。

在事业不断发展壮大后，梁志斌并没有停下脚步，他将昔日以体育反哺家乡拓展为今日以公益回馈社会。近年来，梁志斌及新世纪地产积极通过各种方式向有关教育基金组织捐款、赞助禁毒教育电影播放、向政府及学校捐款来支持国家的教育事业，现已累计向社会各界捐助 3 亿多元。他曾先后获得"热心公益文化，建设文化新城""热心教育事业""共享奥运，携手发展""热心体育，回报社会""支持禁毒，热心公益""东莞市十大慈善人物"等多项荣誉。

回报母校培养　助力校区建设

梁志斌的感恩情不仅寄于"生我育我"的家乡，还留在"成我立我"的暨南园。1989 年梁志斌毕业于暨南大学，2008 年被聘为暨南大学董事会董事。身份虽变，但他怀揣的母校情怀丝毫没有褪去，无论何时，身处何地，他一直关心和支持暨南大学的建设和发展，多次在母校发展的关键时刻慷慨解囊。早在 2006 年，他便捐资 200 万元祝贺母校百年华诞；2011 年，他又捐资 300 万元祝贺母校 105 周年校庆。

最为暨南人津津乐道的是他捐资助力母校新校区建设的善举。2013 年，得知母校新校区建设存在较大资金缺口后，梁志斌向母校慷慨捐资 5 000 万元用于建设 T4 栋学生宿舍楼，并要求施工单位在施工过程中，做到安全生产、文明施工，确保质量，按时完成建设任务，让学生住上安全舒适的宿舍楼。凭借梁志斌的善款，T4 栋学生宿舍楼工程得以成为暨大番禺校区第一个开建的房建工程，为广大暨南学子提供了优美的学习和居住环境。

提及这笔捐赠，梁志斌对母校多年的培养表示感谢，他为学校今天所取得的成绩和进步感到欣慰和鼓舞，并对学校未来的发展充满信心和期望。他表示暨大是自己的母校，作为学校的校董校友，能为母校番禺校区的建设和发展贡献自己绵薄之力，他感到十分高兴和荣幸。新大楼、新校区，意味着新起点与新发展。他相信，随着番禺校区的建成和启用，学校的办学条件必将大有改善，这将有力地推动学校向前发展。"希望母校在新的百年里砥砺前行、再创辉煌，广大暨南学子也要恪守'忠信笃敬'的校训，践行暨南精神，立志修身，博学报国，早日成为社会栋梁。"

近年来，在资助母校发展之余，梁志斌也将目光转向他曾就读的信息科学技术学院。2021 年 10 月 31 日，为庆祝信息科学技术学院建院 20 周年华诞，在召开的信息科学技术学院建院 20 周年大会上，梁志斌捐资 500 万元支持学院设立"信息科学技术学院教育发展基金"，为推动支持学院教育发展基金建设和电子学科发展做出积极贡献。

与其慷慨的捐赠相比，梁志斌一直以来非常低调，但只要母校发展建设中出现任何瓶颈问题，他立马挺身而出。饮水思源，愿尽绵力，学成不忘母校恩，梁志斌从一名风华正茂的学子蜕变为情深义重的校董，暨南园一草一木、一园一楼都是最好的见证者。

弘扬忠信笃敬　凝聚东莞暨南人

在梁志斌心中，家乡东莞和母校暨大都是深刻影响他人生的地方，如果能实现校地携手，同窗筑梦，那是再好不过了！于是，他把眼光放在了同在东莞的暨南人身上，校友是母校和城市之间天然的情感联结，顺利扬起这张坚固且充满张力的校友网，源源不断地维系东莞与暨南的缘分，让家乡、母校协同发展，正是梁志斌心中所盼。

经过近两年的准备，由梁志斌同张顺彩、叶惠全、麦照平、欧阳永等校友发起，在各界的支持和帮助下，广大东莞校友团结一心，东莞市暨南大学校友会于 2013 年 5 月 25 日正式成立。自建会以来，校友会精心打造两大线下基地和两大线上平台，线下的校友之家更是复造母校两大经典建筑——"拱门"和"蒙古包"，让不同时期入学的校友于此都能寻回校园记忆。

在梁志斌与叶惠全、麦照平、欧阳永四位联席会长的带领下，东莞校友会成功搭建起在莞校友和母校的沟通桥梁，促进了校友会的良性发展，校友会朝气蓬勃。谨怀初心、感恩母校、回报社会，一直是四位联席会长心中的信念。他们出心出力出资在母校建设中发光发热之举，温暖着广大暨南学子的心。他们为母校的发展共同出力，贡献着属于暨南人的力量。

东莞校友会成立九年多以来，始终弘扬"忠信笃敬"的暨南大学校训，牢记将中华优秀传统文化传播到五洲四海的重要使命，充分展现暨南人"忠信笃敬、知行合一、自强不息、和而不同"的暨南精神，为当地社会发展及母校建设做出卓越贡献。东莞校友会也因此收获了诸多荣誉，在 2019 年召开的暨南大学第四届全球校友会会长（秘书长）会议暨第二届校友工作会议中荣获"最具影响力校友组织奖"，并于 2021 年 11 月召开的暨南大学第三届校友工作会议上再续辉煌，荣获"十佳卓越校友会"称号。

在校友总会成立 30 周年之际，梁志斌也送上了真挚祝福和殷切期望。母校近年来发展迅猛，无论是教学科研、人才引进都取得瞩目成就，校友会在其中出力颇多，作为学校的校董、校友，他非常欣慰。未来，他将继续尽己所能，支持学校建设，也希望校友会在接下来的工作中能继续发挥家园、桥梁和平台作用，让广大校友体会到家的温暖，并成为母校与校友、校友与校友彼此联系的桥梁，以及校友间互帮互助、干事创业、奉献社会的平台，让更多的校董、校友以及社会热心人士共同来关心和支持母校各项事业的建设和发展。

参考资料

《CBA 当之无愧最仁义的老板——梁志斌》，虎扑社区，https：//bbs. hu-pu. com/54090801. html，2022 年 6 月 6 日。

梁仲景：深深游子意　不渝暨南情

梁仲景，暨南大学1986级新闻系校友。现任暨南大学董事会董事、新闻与传播学院校友联谊会会长，兼任暨南大学化学与材料学院校友联谊会名誉会长、茂名校友会荣誉会长、香港国际投资总商会副会长、恒福国际集团董事长、广州恒福置业有限公司董事长。曾任广东省政协委员、广东省茂名市政协常委。多年来，梁仲景积极关心和支持母校的发展，为学校"211工程"建设、科研项目、校庆活动、体育活动、学术会议、教材出版、对外交流等先后提供物质资助和精神支持，对提高暨南大学教学科研水平、扩大学校影响力和美誉度起到了积极作用。

在采访中，梁仲景反复提及自己对书法艺术的喜爱。在他眼中，书法是人的哲学，而伟人的书法往往表达着浩瀚的情怀和伟大的格局。梁仲景对暨大所做的贡献，在他口中说来简单而平淡，正如他所写的书法，笔势朴实自然，却反映着其厚重的古风心迹——尽孝、行善、担责。梁仲景身上的境界，与中华民族的传统文化底蕴、内在生命精神紧密相连。梁仲景以"情感愈朴实，其精神愈甘甜悠远"的境界为追求，他心中的暨南情思，经过岁月的酿造，弥加醇香，绵延后世。

暨南梦始于童年，难忘求学岁月

因自小在农村长大，梁仲景对外面的世界充满向往，而这也成为他学习的动力。他的梦想最终也将自己与暨南大学联系起来。梁仲景早在儿时就对知名侨校暨南大学有所耳闻："我小时候就知道暨南大学，我也知道很多港澳同胞、海外华侨会在这里念书。"他坦言，如果能在暨南大学深造，就能和这些同学交流沟通，自己对外部世界的了解也会更加深入。于是在高考填写志愿时，梁仲景毫不犹豫地将暨南大学填入了第一志愿。

"我对文学感兴趣，跟我家里人喜欢文学也有关系。像我父亲、表哥都写得一手好对联，我们也都很喜爱唐诗宋词。"正如梁仲景所言，良好的家庭教育让他在耳濡目染中受到影响，他选择就读新闻专业。在梁仲景看来，新闻专业的一大特点就在于它将文学写作和社会活动结合在一起。因此，即便在毕业后没有从事与新闻相关的工作，他依然能学以致用，用专业知识助推事业发展。"新闻学虽然是一个专业学科，但它也有通用的功能，我很感激在新闻系学习的经历，他对我的人生很有帮助。" 新闻采访学的实践让梁仲景明白了 "凡事预则立"，采访前的准备是重中之重，新闻心理学的知识让梁仲景与客户谈合约时运筹帷幄，游刃有余。

在采访中，梁仲景不自觉地回忆起暨南园的同窗情谊。在他眼中，1986 级有很多优秀的校友，同班同学陈岸明便是其中一个。他打心眼里佩服岸明同学在读书上的勤奋与天赋，岸明同学主攻本专业的同时，还能辅修双学位拓展知识领域，两头兼顾且成绩优异。现任暨南大学党委书记林如鹏，也是梁仲景的同窗，梁仲景当时十分欣赏林如鹏书记的一手好字，更佩服他笃学不倦的精神，"那个时候我就觉得这个同学不简单！" 如果让梁仲景在校园里挑选一个标志物，来象征当时美好的回忆，那必然是暨大的蒙古包。正是在这里，梁仲景学会了双人舞十四步，教他跳舞的同学和那个让他们载歌载舞的蒙古包，成就了他与太太的美好姻缘。"学了这个舞蹈，我跟我太太谈恋爱的时候，就经常一起跳舞，" 梁仲景面带笑意地说道。

当年的梁仲景未曾想到，自己日后深沉绵长的暨南情怀正是发端于这段风华正茂、奋发向上的岁月。身处暨南园，有了身边人作榜样，他逐渐懂得一些书本之外的学问："在暨大四年，我知道了做什么事都要有时间观念，要务实，这样才能适应现在的社会。这些对我后来的创业和工作的影响都是十分深远的，我能够取得现在的成就，离不开在暨大学习的这段岁月。"

几番捐资反哺母校，情思不匮

作为一名暨南人，梁仲景对母校有着深深的情思。他曾真切地表示，正是母校的培育成就了现在的他，他永远不会忘记这份恩情。随着事业的发展，梁仲景为母校的建设做出了积极的贡献。自 1995 年起，梁仲景持续向暨南大学捐资助学，支持母校在体育教育、成人教育、医学教育等各个领域的发展。面对他人的盛赞，他坦言，相比起暨大其他更有能力、更有爱心的校董，他所做的贡献可以说微不足道。

在梁仲景看来，捐资反哺母校，就如同儿女对父母亲的孝敬。"其实捐资给母校，就好像孩子们在外买点礼物给父母一样，没有什么值得宣扬的。对我来说，这就是一种本分，是应该的。"在这种观念的浸染下，梁仲景乐于润物无声地关切母校，他总是在母校需要的时刻挺身而出，做母校事业发展的幕后支持者。有一年，暨大体育专业的学生们要到新加坡参加乒乓球比赛，但因为经费问题，这些学生的新加坡之行几近中断。梁仲景了解完事情的前因后果，便慷慨出资助力暨南学子到国外参加比赛。学子们夺冠归来向他赠送的礼品，至今仍保存在他的身边。有号召必有响应，像梁仲景这样的校董，是暨南后辈们奋楫争先的底气，也是母校的福气。

"我有个愿望，只要自己能力允许，我希望长久地做善事，一天一点，无怨无悔。"梁仲景对母校绵长的情感，也在感染激励着下一代人。他动员自己刚参加工作的大儿子，加入到传承暨南情缘的行列中来。"我觉得把对母校的这种情怀传递给下一代，这才是久久为功，才是百年育人。"在父亲的引导下，梁仲景的儿子也积极投身校友工作。看到如今暨大所取得的成绩，梁仲景表示非常高兴和自豪，他表示自己将一如既往地支持母校各项事业的建设和发展，更好地回馈母校的厚爱。

梁仲景一直将"孝"看作教育的一部分。大学是教育人才的地方，从书法的字形结构看，"教"字的两边分别是"孝"和"文"，"这其实说明了一个道理，有文化而有孝心的人才是教！"教育不只是教授文化知识，学会孝敬和感恩也是教育的目的。他期望暨南学子能够领悟其中的道理，将来学有所成，为母校贡献自己的一份力量。

角色转变之间：是责任也是义务

1999年，梁仲景被聘为暨南大学校董，这对他来说是人生中的一大梦想。梁仲景曾记得当时学校有一间石景宜校董捐赠的图书阅览室，于是他便向班主任请教了关于石景宜校董的事迹。在梁仲景的生活轨迹里，只有书记、校长、主任和老师，至于什么是校董，他茫无所知。在听到老师对石景宜校董的介绍后，他深感"校董"的重要性和意义，成为一名暨南"校董"的梦想也就此生根。从童年到少年，再到成为大学生，在当时看来遥不可及的梦想，如今在梁仲景的个人奋斗中，在学校和社会的支持、帮助下一一实现。

"我觉得校董不仅是荣誉，更是责任，也是义务。"担任校董后，梁仲景认为自己身处董事会，身边有许多良师益友，应当利用这个平台，抓紧机会向他们学习。他很感恩自己能够任职暨大的校董，于他而言这是一次学习、锻炼和自我提升的机会。

作为校友，梁仲景除了关心着暨大各方面的发展，也积极参加母校和学院组织的各项活动。2021年11月，新闻与传播学院校友联谊会成立，梁仲景担任首任会长。一开始被举荐时，梁仲景婉言谢绝，他担心自己职务太多，工作太忙，做不好这份工作，但随后校友们的支持让他决定承担起这份职责。"即便是做不好，能力不够，我也要扛起来，因为这是校友们给予我的厚爱。"

梁仲景坦言，筹办校友联谊会是一次不小的挑战，由于时间紧、任务重，要想短时间内完成联谊会的筹办工作，就需要加倍努力，引领大家齐心协力完成任务。从联谊会标志的图案、文字到颜色设计等，每一个环节都要细致审核，沉重的工作量下是一众校友巨大的时间和精力付出。仅在梁仲景先生的办公室里，他与联谊会工作人员就开了不下20次会议，有时候甚至开到凌晨2点。梁仲景记得当时有一对夫妇刚结婚不久，还没来得及度蜜月就来参会；还有刚生完孩子的校友，身体还没恢复好也过来参会了。梁仲景深知每位校友都有烦琐的个人事务，但是大家为筹办联谊会克服困难、同心同行的举动，让他感受到暨南新传校友间强大的生命力与凝聚力。

谈及新传学院校友联谊会今后的战略构想和举措时，梁仲景认为，校友联谊会应当成为连接校友的桥梁，校友之间也要"有事没事常来往，大事小事常商量"。他期望能将校友联谊会建设成校友心中情感交流、资源共享的重要平台，让每一个校友都能在其中体会到回家的温暖。同时他也希望暨大校友之间能有更多的合作，共同为暨南大学校友工作创造更好的局面。

从暨南大学的学生，到校友，再到之后的校董和校友联谊会会长，随着时间的流逝，梁仲景在暨南园的身份发生了一系列的变化。对此，梁仲景以一个人成长的过程来比喻角色的变化："就好像一个人出生，从婴儿到长大结婚，再到为人父母。在这一过程中，虽然角色变了，但我仍然是父母的孩子。"在暨大无论担任什么角色，梁仲景仍旧感觉自己是母校的儿子，所以承担起孝敬父母的责任，是应当的。

"吾十有五而志于学，三十而立。"在暨南大学校友总会成立30周年之际，梁仲景也表达了自己的期许："这个'立'，是立根的立、立足的立。就相当于从30岁开始，人就要有所作为了，不仅仅是读书求学。我们校友总会今年成立30周年，从今年开始，便是大有作为的开始。"他非常期待下一个30年后校友总会的成长面貌。最后，他引用了易经中的四个字"元、亨、利、贞"，来送给全球40多万校友，祝愿校友总会在未来30年大发展、大收获、大健康、大平衡。

柯荣卿：立足暨南 推动文化传承与创新

柯荣卿，暨南大学 2002 级 EMBA 校友，瑞士日内瓦大学应用金融学博士。现任广州路翔投资有限公司董事长、暨南大学董事会董事、暨南大学校友总会名誉会长、广东省潮人海外联谊会名誉会长。曾荣获"中国经济年度大会十大卓越企业家""中国交通企业管理十大杰出人物"等称号。作为暨南大学校董，柯荣卿深知人才培养的重要性，因此他在暨南大学先后设立"路翔 MBA 奖学金""路翔创新创业基金""潮州文化研究基金"，累计向学校捐资超过 3 000 万元，大力支持暨南大学提高创新创业教育水平和推进人才培养体系建设。

从学生到校友再到校董，柯荣卿的一生都与暨南大学紧密相连。百万捐赠慰问暨南援鄂医疗队，千万捐赠助力潮州文化研究，飞燕衔泥，柯荣卿总能在母校的建设发展中精准发力。如果说他以无比的刻苦和敬业精神创造了中国商界的传奇，那么使他受人尊重的则是他那兼善四海、回馈社会的善行。

砥砺奋进，从军旅迈入商海

在中国商界领袖中，军旅出身的企业家是一支不容小觑的力量，在一连串金光闪闪的名字中，就有柯荣卿。1963 年，柯荣卿在广东潮州出生。在本该活泼好玩的年纪，柯荣卿却散发出异于同龄人的沉稳气息。一心向学、追求进步的好品质，让他在 16 岁时就以优异的成绩被中国人民解放军海军工程大学录取，就读核反应堆工程专业。

在部队打磨的这段岁月，深刻影响了柯荣卿的人生轨迹。用他自己的话来说，军营就是一所最好的大学，这里培养了他全面、高效、低调的个性，更重要的是让他掌握了一个企业家必需的素养。柯荣卿曾多次提到这段强韧其人格、磨炼其意志的军旅时光："当兵的经历使我受益匪浅，不仅锻炼了我遇到困难时处理问题的能力，更形成了我的人格走向、事业目标和知识结构。"满怀热忱的军旅岁月，让一介青葱学子，挥袖告别校门，开启了未来不断燃放热血青春的人生路。

事实上，高知身份、军校毕业、极有前途的专业背景，凭借这些条件柯荣卿足以安稳发展、岁月无忧，而他却在毕业留校工作 5 年后，毅然迈入了新的发展路径。本科所学的核反应堆工程专业，看似与商科毫无联系，柯荣卿却用自身实力打破了这两个学科间的壁垒，缔造了令人瞩目的商业成就。1998 年，在累积了足够的工作经验后，柯荣卿以董事长兼总经理的身份，成立了一家标杆性企业——路翔股份有限公司，主营公路的改性沥青和彩色沥青。

公司成立后，柯荣卿面临着一轮接一轮的挑战。他清楚地意识到，技术创新是企业发展的原动力，要把品牌做强做大，必须要以产品和服务的质量取胜。初创时期，他带领团队在国内率先突破改性沥青稳定性技术，并获得国家发明专利，使改性沥青得以大规模生产、储存和应用。同时研发出一批具有更高技术附加值、物美价廉的特种改性沥青，满足特殊路面的需求。产品一经上市，便获得了业界的高度认可，让路翔公司一举成为行业内的领导者，并形成了以广州为中心辐射全国的企业集团，获得"中国品牌建设优秀企业"的光荣称号。从 2000 年开始的 10 多年间，公司承接了 100 多条高速公路改性沥青供应项目。2007 年公司成功登陆资本市场，在深交所上市。

虽在业内站稳了脚跟，但柯荣卿并不安于现状——在他看来，公司应当做出更多的尝试，开拓第二主业，实现"两条腿走路"。于是，柯荣卿将路翔公司的第二主业聚焦在新能源领域，于 2009 年进军锂产业，拥有了世界第二、亚洲第一的锂辉石矿山，成功布局低碳经济与新能源产业，为公司的长远发展奠定了新的基础。2014 年，柯荣卿实现了个人的重大转型，从实业转向投资，成立了广州路翔投资有限公司，专注新能源、生物医药、文化产业的发展。从军旅迈入商海，柯荣卿砥砺前行，他的公司也在其经营管理下获得飞跃式成长，而他本人的理想也在一步步向前延展。

结缘暨南，汲取知识力量

柯荣卿认为自己与暨南大学的相识相知，有着命中注定的成分："我与暨大的缘分可以说从 1990 年就开始了，那时我聘请暨大管理学院院长担任公司的独立董事，2002 年我正式成为暨大 EMBA 学生，2006 年又担任了暨大第四届MBA 联谊会执行会长。"

时间回转至 2000 年——柯荣卿人生的转折点。彼时，路翔公司发展势头十分强劲，对企业掌舵人各方面的素质提出了更高要求。为推动路翔公司向现代企业转型升级，柯荣卿迫切希望进校学习——通过成熟的经管理论进一步提升自己的决策能力，拓宽自身视野。也正是在这一年，柯荣卿决定参加暨南大学开办的第一期 EMBA（高级工商管理硕士），成为暨大 EMBA "黄埔一期" 学员。暨南大学在工商管理方面的教学实力相当雄厚，在此之前已开办了多次类似 EMBA 的课程，积累了丰富经验。作为国内最早开设 EMBA 的高校之一，当时暨南大学的 EMBA 课程是与美国斯坦福大学合办的，体系之完备，教学之精良，让柯荣卿受益匪浅。

时至今日，提及在暨南大学管理学院学习的经历，柯荣卿记忆犹新，话语中充满感激之情："这是一次脱胎换骨的经历，对自身和公司的发展都有促进作用。" 新的学习让他找准了企业定位，也得到了管理学院老师的许多帮助和指导。在校期间他与同学们相处融洽，交流沟通的过程中也从同学们身上获得不少启发，让他看清了很多问题，避免了很多弯路。暨南校园让柯荣卿迅速成长，他如饥似渴地汲取新理论、新知识。读书明智，厚积薄发。

柯荣卿一方面感激母校的培养，另一方面也期望通过自己的创新经验，推动打造创新创业的校园文化，传承暨南大学开放创新的精神。在管理学院创新创业论坛上，作为校友的柯荣卿以 "探寻创业中的自我" 为主题进行演讲。他从路翔创业、创业文化、创业智慧等方面对大学生创新创业做了理论诠释和实践分析，鼓励暨南学子求异创新，在学习中求发展，助推母校在"大众创业、万众创新"的时代浪潮中乘风破浪、再创辉煌。

助校爱乡，回馈社会

"立己达人，做一个对社会充满正能量的人。"这是柯荣卿的人生信仰，也是他期望达到的目标。作为一名企业家，在追求企业经济效益的同时，他不忘承担企业的社会责任。柯荣卿将企业的社会责任一分为二：一是在企业内部，产品在生产和销售过程中做到低碳、环保，在创造利润的同时还要承担对员工、环境的责任；二是对社会的责任，关注社会问题。秉持着承担社会责任的理念，柯荣卿积极投身公益事业，先后捐建希望小学、红军小学，发起成立公益基金会，从扶贫、扶智到支持社会创新发展，不断回馈社会。

经年累月的打拼奋斗，使柯荣卿积淀了不少经验教训。比起自身受用，他更希望把这些宝贵的财富传递给在校学子。作为过来人，他认为教育改革和人才培养任重道远，现在需要更多地引导学生创造价值、引领社会创新发展。为培养暨南大学创新创业的文化氛围，推动暨南大学 MBA 教育的发展，激励更多学生投身商界，2011 年，柯荣卿捐资 300 万元支持 MBA 教育，设立"路翔MBA 奖学金"。2016 年，在暨大高水平大学建设的关键时期，他再次向母校捐赠 1 000 万元，设立"路翔创新创业基金"，支持学校提升创新创业教育水平，提高创新创业人才培养质量。

2021 年，暨南大学潮州文化研究院成立。为推进潮州文化研究院的长期发展，柯荣卿欣然捐赠 1 000 万元作为潮州文化研究基金的首笔捐款。于他而言，这份支持源自对故乡的情怀，更是对学校发展的一份责任。暨大地处广东，作为侨校，加强包括潮州文化在内的岭南文化研究，推动岭南文化的创新发展，对促进粤港澳大湾区的融合与建设，促进中华文化在港澳台和海外的传播，有着十分重要的现实意义。

2006 年，柯荣卿被推举担任暨大第四届 MBA 联谊会执行会长。作为暨南大学 MBA 教育的重要组成部分，MBA 联谊会是整个 MBA 教育链条中不可或缺的环节，它既是暨大 MBA 教育成果的集中体现，也是学校资源面向社会的延伸。任职期间柯荣卿一直秉持着"出资、出心、出力、出席"的"四出"精神，对联谊会的组织、制度、基础建设等进行不断完善，使联谊会得到校友们的广泛认可，成为暨南大学的精英平台。在引领联谊会发展的同时，他也在进一步革新理念，组织开展丰富多彩的校友活动，进一步为校友与学校、联谊会间联络交流、合作共享、发展共赢奠定坚实的基础。

2017 年 1 月 26 日，柯荣卿受聘成为暨大校董。这对他而言是极其重要的荣誉，更是沉甸甸的责任。20 岁获学士、40 岁获硕士、60 岁获博士学位，柯荣卿践行着在学习中求发展的理念，生命不息，学习不止。从军人到企业家，从白手起家到建立商业帝国，从实业经营到投资运作，"雄关漫道真如铁"，柯荣卿完成了一个个漂亮的转身。从暨南 EMBA "黄埔一期"学员到暨大第四届 MBA 联谊会执行会长，从服务校友到捐赠义举，柯荣卿始终怀揣赤子情怀，不忘初心。钦佩其人，感慨其事，"忠信笃敬"四个大字，便是其内在品质的高度概括。

彭磷基：商者仁心　济世利人

彭磷基，祖籍广东番禺，生于香港，他热心公益，获得"新长城教育扶贫慈善家"荣誉称号，于美国印地安纳理工学院获得土木工程学士学位，于加拿大麦吉尔大学获得结构工程硕士学位，并获美国土木工程学会以及加拿大土木工程学会会员及注册工程师资格。他在 2009 年于暨南大学医学院获得病理学与病理生理学博士学位。现任祈福集团董事长、暨南大学董事会董事、中国宋庆龄基金会名誉理事，曾任第十届、第十一届全国政协委员。

　　彭磷基长期对社会无私捐赠，资助了许多机构，温暖了无数在困顿中彷徨的人。彭磷基创立的祈福集团，是以超前、人性化、国际化、可持续发展为核心理念，集医疗、教育、酒店、旅游、资讯、科技、房地产等于一体的大型多元化集团，在全国地位显赫。在经济上为社会缔造高效益贡献的同时，他热心慈善，持续资助教育、医疗、文化、赈灾、扶贫、经济、环保、体育、敬老、抗疫等多个领域（其中以教育、医疗的捐助最为突出），迄今已向社会各界捐款逾 7.5 亿元，彭磷基也因此获得"中国大陆十大慈善家"、"全国社会扶贫先进个人"（国务院扶贫办颁发）、"造福桑梓　赤子情深"（国务院侨办颁发）、"新长城教育扶贫慈善家"等荣誉称号，并受时任国务院副总理回良玉亲授荣誉牌匾，赢得了社会各界的广泛赞誉。

以人为本，缔造 "祈福模式"

　　早在 20 世纪 80 年代初，彭磷基就响应改革开放号召，从香港回到家乡番禺钟村投资，建设了番禺最早、规模最大、管理最规范、现代化程度最高的电子厂，使其成为当时轰动广东的工业名片，高峰时期工人过万。

　　90 年代初，在全国住房制度改革的背景下，彭磷基凭借着敏锐的商业头脑和超前的意识，选中了番禺钟村佛子岭地块（现祈福新邨地块）。当时这里是荒山沼泽，政府带多个投资商看后便没了下文，而彭磷基却认为这里非常适合打造成"精英卫星城"，建造一个中西合璧的宜居地标项目。

随后，彭磷基大胆将国外最新房地产开发与居住理念引进国内，引领中国大盘开发潮流，不断创下多个"率先"：第一次掀起港人置业内地的热潮；第一次以"房地产为龙头＋城市国际配套"的超前规划，以运营城市的模式开发社区，真正实现了"精英卫星城"概念。祈福新邨1991年首次开卖，当年便创下广州楼市销售奇迹，随后连续多年蝉联广州楼市销售冠军。90年代初时任副总理的朱镕基参观祈福新邨，高度肯定祈福理念，并感叹"要是所有开发商都像祈福一样，不占用耕地就好了"。而因为开创多个"率先"，祈福新邨入选"敢为人先——广东改革开放一千个率先"。

"我把祈福现象喻为煲汤效应，老火靓汤与掺入味精的滚汤，也许喝起来味道没有多大区别，但营养价值却有较大区别，只有来自产品、配套和售后服务全方位的老火靓汤式务实开发，才能在造就良好市场口碑的同时带来良好的销售业绩。"彭磷基缔造了有口皆碑的"祈福模式"，在他的带领下，经过31年精心运营，占地7 500亩的祈福新邨，汇聚了全球100多个国家及地区精英，常住人口约20万，成为集人居环境、生活服务、交通出行、医疗、健康、教育、养老、商业、商务办公、旅游、文化、科技、国际人文等于一体的国际化大城，是广州乃至全国的荣耀之城，创新、幸福之城，也是羊城的一面独特旗帜和著名地标！祈福新邨运营理念先进，模式超前。2021年，祈福新邨被广州市政府划定为宜居、宜业、宜游的"粤港澳优质生活圈示范区"样本，而祈福集团也被誉为"中国造城大师""中国城市运营先锋"等，深受社会各界认可、赞许！

我们常说"十年磨一剑"，而彭磷基是"三十年造一城"，真正把心放在居民身上，才能打造有人情味的住宅，有温度的社区生活。

接轨国际，开创中西医与自然医学新模式

彭磷基很喜欢中医，当医生是他从小的梦想。他的父亲和父辈中的叔伯长辈多数因罹患癌症身故，这让他对医学尤其是恶性肿瘤的研究产生了强烈兴趣。18 岁那年高分考上香港大学医学系，由于无法支付学费被迫放弃，转读有奖学金的土木工程，但他从未放弃医学，于 1985 年开始自学，读了大量的西医、中医书籍，就是期望博采中西医的精髓来应对恶性肿瘤。

在逐步完善起祈福新邨的教育、交通等配套设施后，彭磷基衍生出办一家医院的想法。我国早期的民营医院发展，存在定位不清晰，缺乏整体战略和长远规划；管理滞后，运营效率较低；家族依赖过强；科研技术力量薄弱；忽视人才培养，难以形成人才梯队；普遍缺乏形象和内容设计等问题。"我希望办一家国际化一流医院，治病救人的同时，也提升当地的医疗水平，推动内地医疗接轨国际。"

在考察了欧美、新加坡、中国香港等地医院的管理后，2001 年，彭磷基创建广东祈福医院，并将国际 JCI 标准作为医院管理标准。JCI 是世界卫生组织（WHO）认可的全球评估医院质量的权威评审机构，国家卫生部于 2005 年 3 月首次将 JCI 标准引入国内与中国医院评审相结合，而彭磷基率领的广东祈福医院在 2003 年便已成为中国第一家通过 JCI 认证的医院，并恪守 JCI 和三甲双重标准（国内外最高标准），不断创新优化、提高医疗质量和服务水平，最终形成了具有国际化观念的中西医结合管理体系。

"真正的医疗，是健康所系，性命相托，是使命，是责任。"引进国际化的管理体系后，2006 年，已经年近六旬的彭磷基又做了一个重要的决定，重返校园攻读博士。自学两年后，彭磷基参与暨大医学院长达 4 小时的研究生招生笔试，根据成绩高低，彭磷基成为最终面试录取的两人之一。

退休年纪去读医学博士，彭磷基格外珍惜这段来之不易的学习时光。"当时

我是最老的学生，有些老师还以为我就是随便读读，可能会经常请假。但我早上 4 点起床读书，8 点上课，上课注意力很集中，我一次假都没有请过。老师见了我都说，你是最认真最勤快的学生。"

2009 年，彭磷基成功获得病理学与病理生理学博士学位。其间，彭磷基创造了学院的"第一"与"最大"：暨南大学医学院跨学科攻读医学博士的第一人，研究生院年纪最大的学生。纵观商界，因为办一家医院就进入医疗卫生领域学习的商人能有多少？彭磷基却说："我希望我所建立起来的医院，能取中西医与自然医学之精华，能在最短的时间里以最经济、最合适的方法完成治疗，让治疗成为享受，真正服务于社会，传承给后人，而不仅仅是引进一些机构、技术，或者专科，这样的范围太窄。所以我要回学校读书，如果不懂医疗，出了问题看不到，不知道怎么纠正过来，是很难做好的。"

创立医院至今，彭磷基得到的荣誉数不胜数，然而让他最开心和珍惜的是"中华医学会突出贡献奖"，以及医院被中华医学会授予"全国中医肿瘤临床防治基地"。"医院拿这个奖我觉得很有意义。第一，我要做一个好的医院给我们的病友；第二，我要做出一个榜样的医院贡献给我们的国家；第三，我要做一个真正的中西医、自然疗法三者结合的医院，现在我们的医院成了一家中西医成功结合的国际医院。"

为了实现"中西医、自然疗法三者结合"的目标，彭磷基多次前往国外考察学习，并通过大量实验证明，在国内首倡集中西医、自然医学相结合的肿瘤绿色综合疗法，利用三氧治疗、热疗，以及抗氧化剂等绿色方法辅助其他治疗手段，帮助提高人体免疫力，为肿瘤患者生命的延长和生活质量的改善提供帮助。他不仅编著了《肿瘤绿色综合疗法》一书，十余年来还带领学生区俊文博士团队潜心深研辅助抗癌的绿色综合疗法，研究成果在国际性顶级学术会议中展示。区俊文博士团队近几年以第一作者于 SCI 期刊上发表 8 篇相关论文，影响因子合计高达 149.77，直接证明其主导的相关研究的可靠性、专业性和权威性。

"我认为中西医结合是未来医学发展的趋势，治疗将不再是针对疾病的单一治疗，而是强调多种手段、多种学科的共同参与，更加关注患者的整体生活质量，因人、因时、因地制宜，确保患者获得治疗的最佳模式。"为此，在引入全国顶级西医专家周颖玲、简志祥、李彦豪、史剑波等教授，带领医院开展心脏外、普外、介入、耳鼻喉等系列高难度四级手术的同时，还引进赖新生、徐成贺、曹贵民、张子丽、成永明等一批名老中医，开设针灸推拿、三氧治疗、热疗、治未病、传统疗法以及特诊室等，让古老瑰宝重焕光彩。

回馈母校，擦亮暨南金字招牌

彭磷基是一位根在内地、香港出生、求学海外、回归故乡成就事业的专家型企业家，有着浓厚的爱国之情。彭磷基深知教育为兴国之基、育才乃百端之要、知识为人生之重，他亲力亲为，对教育事业、人才培养的捐赠多年来从未中断，并对外招生倾注了特别的感情。早在 2007 年，他便向中国宋庆龄基金会捐赠 500 万元设立"祈福彭磷基奖励基金"，用于奖励台湾来大陆学医的学生。

彭磷基十分热心教育事业，带领祈福集团创办了十几所祈福学校，其慈善公益事业也一直以教育、医疗为主，如设立"新长城彭磷基助学金"、连续 22 年支持中国宋庆龄基金会少年儿童发明奖、捐赠创办祈福百色高中等。他也特别关注母校暨南大学的发展，多次捐资助力母校建设。2010 年，彭磷基捐款 250 万元设立"暨南大学外招生人才培养改革基金"，用于外招生人才培养，为暨大华侨最高学府建设贡献力量。2015 年，彭磷基校董向暨南大学捐赠 2 000 万元用于奖励优秀教师和师资培养，增强暨大青年师资力量，为暨大教育事业发展做出了重要贡献。

彭磷基表示，他为能够倾心母校的教育事业发展，感到由衷的高兴与欣慰，母校暨南大学被誉为中国第一侨校，一百多年来一直以传播中华文化、培养海内外人才为己任，在培养了大量华人杰出才俊的同时，也取得了蜚声海内外，尤其是中国港澳台和东南亚地区的办学声誉。他希望有更多的校友一起努力，为母校的发展奉献自己的力量。

参天大树，枝繁叶茂，是因为根的情深。彭磷基是珠江的儿子，植根中华大地，有着岭南人传承已久的质朴仁善。他用心血与汗水打造祈福集团、创办祈福医院，以大爱护佑苍生；情系暨南园，于是亲行慈善，反哺后生。彭磷基先生始终怀抱回馈社会、爱国爱港的悠悠赤子心，殷殷仁者情，以实际行动，真正为后人"祈福"，厚德善行，济世利人！

参考资料

1. 黎子流、黄伟宁主编：《广州市荣誉市民传》（第 1 卷），广州：广东人民出版社，1994 年。

2. 卢国尧：《钟山之歌：卢国尧文集》，广州：羊城晚报出版社，2014 年。

第四章

心系祖国

志存高远

李世荣：爱国爱港立场坚定

暨南青年同心前行

李世荣，暨南大学 2002 级行政管理专业校友。现任香港特别行政区第七届立法会议员、民建联执委，新界社团联会副理事长，新界青年联会智库召集人。曾任香港沙田区议会耀安选区议员（2012—2019 年）、沙田青年团体义连班会长、耀安邨业主立案法团顾问。

　　暨南四年求学路，让香港青年李世荣与内地文化碰撞出璀璨火花；怀揣对公共服务的热忱，他走进社区工作，在基层凝聚民心。回归祖国 25 周年是香港发展的新起点，身为新任立法会议员的李世荣将铭记他的职责和使命，带领每一位香港市民迎来属于他们的大时代。

环境改变　带来飞速成长

　　在香港土生土长的李世荣与内地的情缘始于幼时，因他的父亲出生于内地，李世荣小时候常常跟随家人回内地度假，这段经历让他从小便对仅一江之隔的广袤土地有着一份特殊的亲切感。

　　2001 年底，中国正式加入世界贸易组织（WTO），标志着中国的产业对外开放进入了一个全新的阶段。即将高中毕业的李世荣从中看到了希望，他隐约间觉得未来国家经济将有一个新的腾飞，综合国力也会更上一层楼，在国际上会拥有更多的话语权、发挥更大的作用。于是，便暗自下定决心回内地求学。一次偶然的机会，李世荣在教育博览会上看到了暨南大学在香港的招生信息，便抱着试一试的心态参加了考试，结果一考即中。与暨南结缘，成为李世荣人生中的第一个重要改变。

　　香港与广东虽相距不远，但足以让一个初次离家、走出舒适圈的少年尝到背井离乡的滋味。或许是难以适应环境的改变，半个月后，李世荣就因为水土不服住院了。住院期间，老师和同学们的关心让身在异乡的他感受到了温暖，也让他明白广交朋友、乐于助人的重要性。在暨南园日复一日的学习生活中，这位香港青年飞速成长起来，逐渐适应了在内地的独立生活。虽然改变环境的第一步走得并不容易，可是他依旧坚定地大胆向前。

心态改变　收获能力优势

　　除了客观环境上的改变，在内地求学的四年中，李世荣自身心态也改变了许多。"当年来到母校以后，感受很深的，就是看到内地的同学普遍比香港的同学更用功。"于是，在内地同学"勤读苦读"氛围的带动下，他一改之前的学习心态和习惯，发奋读书，抓住一切机会全方位地学习和提升自己，暨南园的开放包容和周遭同学的勤奋好学唤起了他内心对于知识的渴求。在他的努力下，入学第一年他就获得了学校奖学金，"这让我备受鼓舞"，他开心地回忆起当时的情景。而让李世荣能力提升、进步神速的原因，除了他勇于进取的个性，也离不开老师、前辈们的言传身教。

　　入学第一年，他因个人兴趣加入校学生会体育部，第二年晋升为体育部副部长，第三年便做了部长。繁忙的学习加上艰苦的训练并没有消磨李世荣的意志，反而让他愈发坚韧。功夫不负有心人，2003 年，他与队员在广东省大学生运动会的足球赛上获得了冠军。直至今日，李世荣和当年的教练、队友们依旧保持着联系，2017 年"庆祝香港回归 20 周年，暨南大学粤港澳校友足球赛"第一循环赛在香港青衣东北公园球场举行，李世荣还作为特邀嘉宾出席，并借此机会与教练、队友重逢，经年共月话当年。

　　曾经有很多前辈告诉李世荣：识人好过识字。这意味着除了学业成绩，把握机会多学习一点文化、多结交一些朋友也是人生的一门重要课题。暨南大学本就是一所面向国际的学校，这里无疑是结交五湖四海朋友的一片沃土。在暨大的四年里，李世荣积极参与各类活动，结识了许多来自东南亚、日本，以及中国内地各省市的同学，这也成为他日后的宝贵财富。他亦将这些前辈们的人生经验化为行动，在校担任体育部部长时，李世荣曾为大一新生举办拔河比赛。他说，拔河是一项最讲究齐心合力的运动。为了赢取比赛，新生们在拔河中很快地熟络起来，相互勉励支持。"在工作乃至人生道路当中，我们也需要能在危时向你伸出援手，为你提供机会的人脉关系网。"他感慨道。

　　暨大的学习生活使得李世荣快速成长，学生会的工作又让他在待人接物方面更加得心应手，这些优势同样体现在了他后来的工作中。"在学校办活动时，总是从学生的角度着想，那么做了议员，就要从市民的角度着想，了解他们到底需要什么样的服务。"站在对方的角度，设身处地地为市民着想让李世荣在之后的议会选举中具有了突出的优势。

身份改变　承担更大责任

　　李世荣凭借着自己的勤奋刻苦，提前修够了学分，回到香港就业。香港的商业运作模式、沟通方式、对于很多新生事物的看法都和内地不尽相同，正是在暨大学习的经历与对内地文化的了解使得李世荣在香港毕业生中脱颖而出，获得了在世联顾问有限公司实习的机会，并开始了人生的第一份事业。毕业后他留任公司，任职公关项目主任，在任期间，曾被公司派往上海分公司工作，并先后担任肯德基、美国冒险乐园等企业公关。而在事业如日中天之时，他却选择改变赛道，由商业公司转向社团机构工作。

　　在一位师兄的介绍之下，李世荣进入了香港青年联会工作。正是抓住了这次机会，弃商从政、服务社会成了他人生的第二个重要改变。机缘巧合之下，他结识了沙田区前议员黄戊娣，之后便一边工作，一边在沙田区做义工。2009

年初，转入沙田区议会黄戊娣议员办事处担任助理。2011 年 11 月，李世荣接替黄戊娣参选沙田区议员，以 3 039 票对 1 600 票首度当选，并于 2015 年底成功连任。身份的改变意味着他要承担更大的责任和使命，区议员工作的繁忙与琐碎是一般人无法想象的，既要负责自己选区的日常事务管理，又要帮市民解决生活困难，包括家庭、法律、房屋等问题。此外，区议员还要参加区议会下属的各种会议。沙田区有接近 70 万人口，是香港最大的区之一。作为沙田区议员，李世荣每天七点起床，一直要工作到晚上十一点。

2012 年，李世荣进入新界社团联会工作，任副理事长兼总干事。全港 18 个区中，新界占 9 个，占地最大、人口最多，与内地联系也最为紧密。李世荣在新社联的工作范围覆盖了整个新界，常常穿梭于 9 个区之间处理工作。

2019 年 6 月，香港发生"修例风波"，"一国两制"在香港的实践遭遇前所未有的挑战。中央果断采取制定香港国安法和完善香港选举制度等一系列标本兼治的举措，止暴制乱，促使香港局势由乱到治，香港发展重回正轨，不断融入祖国的发展大局。李世荣认为，国安法和新选举制度颁布后，最明显的效果就是法治和社会秩序的恢复，尤其是"修例风波"导致的暴力活动猖獗、公私财产遭破坏、市民安全受威胁的现象明显减少。为此，他感慨道："当初黑暴势力猖獗时，国庆节都没有人敢公开庆祝，国安法和新选举制度有力地打击了乱港分子和他们背后的境外势力，让香港逐渐回归平静。"

新冠肺炎疫情期间，李世荣也为抗击疫情做了很多实事，包括为市民派发抗疫物资，参加线上声援香港抗疫活动，和其他校友一道为香港疫情稳控贡献暨南力量，等等。

2021 年 12 月，李世荣成功当选香港特区第七届立法会议员，作为分区直接选举立法会界别立法会议员。从区议员到立法会议员，身份转变使李世荣的工作有了不少变化，他坦言成为立法会议员后，身上肩负的责任也更为沉重。与区议员主要服务所在选区民众、参与地区建设不同，立法会议员要更为深入地参与到香港治理工作当中，根据宪法和香港基本法规定，立法会议员有着审批预算、审批订立法律、监督政府运作、倾听市民意见的权利和义务，这些都关乎全港社会的福祉。

真诚不变　践行"忠信笃敬"

校训"忠信笃敬"四个字教会李世荣要"忠诚老实，敦厚严肃"，也许正是这种无条件付出的处事方式让李世荣有了今天的成功。虽然经历过环境、心态甚至职业发展的各种改变，但他一直坚守着属于自己、属于所有暨南人的那份坚韧赤诚。十几年的服务社会历程中不乏曲折，但李世荣始终坚守着一个理念，就是一旦确定了目标，便不畏艰险，大步向前。如今，李世荣作为香港特别行政区第七届立法会议员，承担了更多的责任和使命。"我最想见到的，是香港可紧追祖国发展步伐，融入'十四五'规划和大湾区建设，落实更多实际政策。有了核心政策，也要有具体措施持续跟进。希望在新政治局面下，立法会能和特区政府多一点理性互动，携手攻克难关。"他认为只要珍惜机遇、抓住机遇，齐心协力加油干，香港的明天一定会更美好。

在香港特别行政区第七届立法会选举一事上，李世荣特别提到要感谢一群人——和他一样来自母校的香港暨南人。2021 年 11 月 27 日至 12 月 19 日，香港立法会选举期间，香港暨南义工团、暨大外国语学院香港同学会、暨大深圳旅游学院香港同学会、暨大香港同学会的青年校友，迅速组成地区直选助选义工队，积极为"推动爱国者治港，完善香港选举制度"出力。为协助李世荣等爱国爱港的立法会候选人拉票，在连续四个周末的 7 个休息日，共 36 名在港的暨南校友参加了不同社区的街站宣传，总时数达 160 小时。群之所为事无不成，众之所举业无不胜。李世荣的成功当选恰恰也是对暨南人爱国爱港、共同努力实现香港长期繁荣稳定最好的证明和鼓励。

"我是82 595名香港市民一票票选上来的，希望在我四年任期结束时，当初选择我的市民们能够告诉我，他们在四年前没有选错我。"李世荣认为，新一届立法会和特区政府践行"爱国者治港"宗旨，成员亦是来自各行各业的精英和爱国人士，因此要在抗击疫情、经济发展、改善民生等方面做出更好成绩，从而令全港市民认可，使社会更为安定团结。李世荣承诺，身为新任立法会议员，未来将会重点关注民生问题，并同各界爱国爱港力量一道，将香港这个全港市民共同的家建设得更好。

母校可以在香港发挥更大作用

香港回归25年来，一批批香港暨南人活跃在香港的各个岗位上，香港毕业校友已有约7万人，工作领域集中在金融、传媒、医学等领域，为香港社会发展和繁荣稳定做出了自己的贡献。李世荣表示，当前香港有7万名暨南人，是一股不容忽视的力量。母校可以做好部署，通过组建校友联络平台等方式加强校友联系、维系校友感情、整合校友资源，这样不仅能够增强广大香港校友对母校的认同感和自豪感，还能够提升母校在香港的声誉。

"我觉得从香港青年进入大学时就要做好培养工作。"对于正在暨大就读的6 000余名香港学子如何走好未来道路，融入大湾区发展，李世荣也提出了自己的意见，即制订规范化培养香港学生的计划。一方面母校可以增进香港学生对大湾区发展现状、各地特点的了解，让他们能够据此有针对性地提升自身能力，从而适应香港和内地的发展需要；另一方面，也希望母校和有关部门能够为香港学生提供更多在内地接触不同企业的机会，这既能提升香港学生的综合能力，也能使他们明晰个人未来的发展道路。

张汉明：　医者仁心 一脉承　香江永续暨南情

张汉明，暨南大学1978级临床医学专业校友。现任暨南大学香港校友会会长、香港医务委员会执照医生协会会长、香港社区医疗教育服务协会会长、英国爱丁堡皇家内科医学院荣授院士、安徽省政协委员、安徽海外联谊会常务理事、香港医务委员会委员、香港选委会委员。

　　1978 年，暨南大学在广州复办的第一年，从小就立志行医救世的张汉明带着家人的期望和自己的梦想负笈北上，成为当年的首届临床医学专业学生之一。在此后行医的近 40 年里，他始终躬身一线，践行救死扶伤、大爱无疆的初心，成为香港医务界的暨南骄傲。作为暨大香港校友会的会长，他费心费力，团结校友力量，促进在港暨南人共同进步，共谋祖国发展。香江永续，一批批像张汉明一样的香港暨南校友正一同为擦亮母校金字招牌而努力。

启梦暨南，刻苦求学

　　1978 年，暨南大学在党中央和海内外各界人士的关怀、倡议与支持下，得以在广州复办。复办后的暨南大学创造了中国教育史上的许多第一，首次在综合性大学设立医学院正是其中之一。新生的医学院正渴求着新鲜、充满活力的能量，在复办首年便招收了 132 名临床医学专业本科新生，来自香港的张汉明正是这 132 名学生中的一员。仿佛命中注定一般，两个年轻的生命在风起云涌的年代里迎着朝阳，共同踏上了新的旅程。

　　张汉明从小就树立了当医生治病救人的理想，而至于为何选择暨大，"也是机缘巧合，"张汉明笑着说，"当时有一个广州的亲戚寄信给我，说暨南大学复办开设了医学院，让我试试，那我就试一下啦。"可到报名时又发生了一个小插曲："那时我们在深圳报名考试，是我妈妈陪我去的。报名时我忘记带相片，所以当天我们又一起回到香港去拍照，之后她让我先回家，又帮我把相片交去报名处。她是很想我考上医学院到暨大念书的。"张汉明有些感慨地回忆起当时的经历，似乎回到了当年。就这样，这位香港青年顺利考入了暨南大学医学院。

　　医学院创办之初，虽然硬件资源比较匮乏，但师资力量却十分雄厚。在国家和学校领导的帮助号召下，医学院汇聚了大量医学专家，他们不仅专业知识过硬，还有着远见卓识。"我印象很深，当时我们的老师都是全国各大医院调来的教授专家，比如罗潜教授、杨简教授，非常厉害，从他们身上学到的知识让我受益终生。"张汉明回忆说，"另外我们上解剖课时，老师还没调来，标本也没有，还是解放军第一军医大学教解剖学的老师为我们授课，解剖的标本也是从他们学校借来给我们上课用。"尽管条件艰苦，却丝毫不影响老师和同学们的学习热情。

　　由于暨南大学是侨校，医学院首届招收的132名学生中大部分来自香港、澳门和海外，时任医学院院长的罗潜教授在兴办医学院时就考虑到香港同学在毕业后需回港参加执业资格考试，便请医学院教务长汤增新教授参考香港大学医学院的课程来制定暨大医学院的教学课程，并请老师们借出国交流之便顺道带回一些教科书，让暨大的医学生也能开阔眼界，更好地与世界接轨。

　　回顾起学生时代的点点滴滴，张汉明说自己对老师们的言传身教感受尤为深刻。"有一次我在病理学的实验课上看显微镜，有一位老师在我身后指出我的问题，然后他示范给我看应该如何用，后来我才知道他就是杨简教授。另外还有骨科周同轼教授、眼科李辰教授，那时候即便是大学教授也没有很高的收入，但他们都是很用心地去教我们，这种言传身教，让我觉得我们做医生、做人就得像他们那样。"忆及校园时期的老师们，往日教之谆谆、导之殷殷的情景悉数浮现。

躬身一线，饮水思源

暨南园六年的学习经历为张汉明打下了良好的医学基础，毕业回到香港后，他在自己的努力下顺利通过香港医务委员会的执业资格考试，成为一名注册西医。尽管当时香港医疗界对内地培养的医学人才存有偏见者不乏其人，但他丝毫不以此为压力，而是以他兢兢业业、脚踏实地的工作态度和能力证明了自己，也证明了内地的医学教育水平。在张汉明的行医生涯中，抗击"非典"是一个重要的篇章。2003 年 2 月 23 日，香港广华医院接收了一名来自内地的病患。出诊主治的张汉明发现患者肺部照片上呈现出不同寻常的肺炎表现，意识到这是由一种生命力极强的恶性病原体所导致，当即就提出隔离治疗的意见，并上报香港卫生署。随后的化验结果证明，他采取的措施非常及时。张汉明和同事冒着风险从患者胸腔提取的肺部组织，经香港大学化验分析，发现了新的病原体——冠状病毒。正是张汉明的准确判断，打响了香港狙击"非典"的第一枪，为赢得这场战斗的胜利争取了宝贵的时间。回忆起这段不平凡的经历，他说道："其实还要感谢内地的这段学习经历，因为新中国成立初期仍有很多传染病流行，所以内地当时很重视传染病学，我们当时有一本教材就是专门学习传染病防治。"在这之后，张汉明一直关注着冠状病毒对人类的影响。

时间拉回 2020 年初，新冠肺炎疫情突然暴发，多年临床行医的职业本能让张汉明敏锐地意识到这不排除新发传染病的可能，"主动防护"宜早不宜迟，于是他提议出入境相关部门对近期通关往来香港内地的人员进行信息留存以便后期追溯，并提醒前线工作人员注意防护。在今年香港第五波新冠肺炎疫情突袭之时，张汉明带领社区医疗教育服务协会整理了内容详尽的家居抗疫便览及抗疫科普手册，免费印刷十万本发放给市民。同时，他还通过网络咨询平台为一些感染新冠病毒的病人解答疑问。可以说，行医近 40 年，张汉明从未真正离开过一线。被问及为何这么多年一直在一线时，他回答说："主要是上学时老师们的言传身教，让我觉得救死扶伤、为人民服务就是我们追求的理念。"

在自身勇攀高峰之余，张汉明也十分重视香港医学界年轻人才的培养。香港医务委员会 2013 年宣布非本地医生执业资格考试将增加至每年两次，这对于非香港地区毕业的医科学子是极大的利好消息，而这一决定正是源自当时担任香港医务委员会执照组主席的张汉明的建议。起初，该建议由于种种原因遭到本土医学院和专业人士的反对，在他的坚持和努力下，最终"有志者事竟成"。香港行医执照考试共分三关，并不容易，为了让医学院的校友能够尽快在香港扎根立足，他推动建立了考试第一关的理论试题数据库，还带领执照医生协会定期为师弟师妹们进行辅导，并请来通过考核的医生传授经验……如此种种，都是为了让更多后生在行医这条路上走得更顺、更远。不论是用专业能力治病救人，还是怀赤子之心帮助后生，张汉明始终饮水思源，践行着老师们救死扶伤、大爱无疆的初心。

暨南情怀，香江永续

从内地走向香港，从懵懂的学生到成为香港医务界代表人物之一，对于一直拼搏在路上的张汉明来说，不变的是作为暨南人、作为暨医学子的骄傲。每当同事、朋友对暨大表露出赞赏与肯定时，张汉明心中都会充满自豪感与责任感。与张汉明一样优秀的校友在香港地区还有很多，他们身体力行，用自己的努力与真诚诠释着暨南人这一身份的责任与担当。不论是在抗击新冠肺炎疫情中表现突出的香港校友会、香港暨南义工团、医学院香港同学会等校友组织成员，还是在香港各行各业努力拼搏、为实现香港长期繁荣稳定做出贡献的每一个暨南人，他们用实际行动为母校在东方之珠亮出一张张亮丽名片。

暨南大学作为我国的华侨最高学府，培养了大批优秀的港澳台学生，也成为促进香港社会发展的重要力量。正因为暨南大学的独特定位，暨南大学香港校友会成为在港内地高校校友会中规模最大的一个。张汉明作为暨大香港校友会的会长，与其他校友们一起为校友会的发展尽心尽力。除了配合学校及校友总会开展工作外，他们还定期组织丰富多彩的校友活动，生日会、就业辅导讲座、经验分享会、社团服务活动……种种活动不仅加深了校友间的情谊，其背后更是指向了同一个宗旨，即汇集校友力量，促进在港暨南人共同进步。

　　作为医生，张汉明的本职工作已然繁重，但他仍然花费众多个人时间去组织和参与各类校友活动，其中必定有着家国信念的支撑。"我始终感谢祖国、感谢学校给了我们这辈人一个来内地学习的机会，我还是想尽力多为母校、为需要帮助的人们做些事。"医者仁心的张汉明始终追求有价值、有意义的人生。

　　为了能更好地推动暨大香港校友会的发展，他和身边的校友们也是颇费心思。除了举办各种活动，以调动大家的积极性外，他们也在认真地寻找当前校友工作的问题与不足，张汉明对于未来如何更好地发挥香港校友的力量也有自己的期待和想法："一是希望加强同大湾区内其他校友会的联系，共同举办与湾区发展相关的讲座论坛，邀请各行各业的优秀校友来讲讲大湾区的发展前景，或者走访一些校友企业，最好能为香港的暨南学子提供一些就业的交流平台。二是从医学的角度出发，我认为两地在医学教育方面可以有更多的交流对接。比如临床进修，香港没有那么多条件和机会，其实可以与内地的一些医学院校和培训中心合作，各自发挥所长相互借鉴，这也是香港更好融入国家发展大局的一个方面。三是希望与全球校友会积极联动，以平台战略思维及业界发展为重任，为香港及粤港澳大湾区的暨南医学学子提供良好的互动平台。发动校友资源，为还在学校或者即将进入社会的暨大学生提供实习及就业机会等。"

李展润：暨大求学 人生中不可多得的六年

李展润，暨南大学 1978 级临床医学专业校友。现任澳门医疗专业委员会主席、澳门医学专科学院——社区医学分科学院主席、北京协和医院澳门医学中心∕澳门医院策略发展委员会委员、暨南大学董事会董事，曾任澳门特区政府卫生局局长。在担任卫生局局长期间，他积极带领医疗团队坚守一线，让澳门社会得以平稳发展。曾获澳门特区政府颁发的"专业功绩勋章"和"仁爱功绩勋章"。

　　暨南大学是澳门人才库，澳门一半以上的医生都是暨大医学院校友，各领域的澳门暨南人都在不同发展阶段为澳门社会做出卓越贡献。李展润作为暨大医学院的第一批毕业生，学成返澳后一直深耕医学，无论是作为医生还是行政管理者，他一直践行守护居民生命健康的初心，为粤港澳三地的医疗卫生事业做出了重要贡献。

暨大求学：　人生中不可多得的六年

　　回首当年，读大学并不在李展润的人生规划中。"当时我真没想过读大学，我记得在 1978 年准备毕业考时，才得知澳门学生可以考暨南大学或是福建的华侨大学。因为暨南大学设有医学院，所以就报考了。"就这样，这位十八岁的澳门青年在广州开启了他人生中不可多得的六年时光。

　　1978 年初，在全国人大常委会副委员长廖承志同志的关怀下，党和国家做出了复办暨南大学同时创办暨南大学医学院的决定。作为暨大医学院的第一批学生，李展润见证了医学院的发展，医学院的发展亦促进了他的个人成长。医学院创办之初，各类教学资源都较为匮乏，学校设施也比较简陋。"我记得人体解剖室是在教学大楼的地下，不是正规的解剖室，是用教室改建而成的。"他回忆起当年的学习生活仍然有点感慨，在如此艰苦的条件下，老师们对于学术的热情和不懈追求更是让他印象深刻："中央政府对暨大医学院很重视，学校网罗了各专科领域的权威教授来教我们。我们在学生时代真的听了很多知名教授的授课，包括罗潜、李辰、朱师晦、邝公道、杨简、郁知非、任邦哲、何凯宣、李楚杰、曹振家等具备院士资格的教授，有机会得到他们的传授真是获益良多。他们手把手教我们临床技术，真是个不可多得的受业经历。"

来到暨大读书，李展润第一次有机会接触到这么多的内地同学。他坦言，早先在澳门读中小学时，大家轻轻松松即可过关，上大学后才发现不少内地同学学识丰富，知识水平甚高，不禁有点压力，但是身边的内地同学对他们非常照顾。由于当时内地学生和港澳学生同住，大家一起生活、互相学习、互相影响，在这样温暖融合的氛围下，李展润很快就适应了内地生活并消除了学习上的压力。"这六年感受最深的就是认识了一群很好的同学，有内地的，也有香港的，他们对我的帮助真的很大，不论在学业上还是在生活上遇到问题，他们都愿意指点，我就像小朋友一般被照顾着。"时至今日，同学们的关系依然亲密，他笑着说："几十年过去了，即便有些同学已经去了国外发展，我们还是保持着联系，就算是几年一次的聚会他们也会远渡重洋来参加。"

除了同窗的记忆，让李展润印象深刻的还有在暨大的别样生活。20 世纪 70 年代末，国家经济并不富裕，而上大学对于很多普通家庭来说是一笔巨款。但在国家的大力支持下，暨南大学对于来内地高校就读的港澳地区学生免收学费，这让他惊喜又感动。在每一个老暨南人的心中，一定都有一个属于"蒙古包"的记忆："以前学校有个外形酷似蒙古包的建筑物，那是我们的饭堂。我们一日三餐都准时到达，每次都坐固定的位子。汤水是装在一个大木桶内，一般都是菜汤。你想象一下，一个这么大的桶，你要很有技巧才能捞到菜渣。"说起当时简单却快乐的生活，他不禁打开了话匣子。

医学生的生活往往是艰辛且枯燥的，由于医学是理论知识和实际操作并重，李展润的大部分时间都是在学习。"因为学医要硬记的东西很多，所以平日作息一般就是傍晚五点多吃饭，餐后休息一会儿就回教室继续看书温习。"除了理论知识繁多，临床操作对于大家来说也是一大挑战，"因为要面对病人，这就有别于书本上的知识。当时不像现在有 24 小时不间断的自动测量仪器，而危重症病人需要时时刻刻测量血压和脉搏。我们就充当'人肉'的自动测量仪器，这样就必须要坐在病人身边，每隔 10 分钟就量一次血压，一个夜晚不停地戴听筒，戴到耳朵都痛了"，"虽然是很艰苦，但也让我们学到了真本领"。

深耕医学：　践行守护好居民生命健康的初心

毕业后，李展润回到澳门一边帮中学生补习赚取生活费，一边准备医院的考试。当时，刚好遇上政府计划推广世界卫生组织倡导的社区家庭医学服务，需要招聘一批懂中文的医科毕业生以便与病人沟通，于是内地学医归来的李展润及其他几位同班同学顺势抓住这一机遇，进入了公共医疗机构。

在入职后的几年时间里，李展润除了卫生中心的工作，每周还需到山顶医院急诊室轮值一次。当时在政府医院面对的全都是葡萄牙医生，为了方便与他们沟通学习，他立刻去补习葡萄牙语并通过了考试。就这样，李展润的经验和技能在日复一日的工作中不断得以提升。1994 年，他完成五年的内科专科培训课程（其中有一年半在葡萄牙的医院实习），并通过各项考试，成为一名内科专科医生。

而后，他一直在澳门医疗事业领域工作，从专科医生、医务主任到仁伯爵综合医院院长，再到澳门特区政府卫生局局长。他坦言，从事临床医疗工作可以救死扶伤，令其很有满足感，这也是他无怨无悔一直从事临床工作的原因，而从执业医生转变成卫生领域的行政管理者，他认为不同工作岗位均有其重要作用和意义，从事行政管理工作可制定和推广有利于市民的医疗卫生政策，在政策层面上帮助更多人。无论是作为医生还是行政管理者，他一直践行守护好居民生命健康的初心。

这样的初心也让他在工作中获得了许多亮眼的成绩，例如澳门卫生局在新冠肺炎疫情首阶段中做到了三个"零"的成绩：社区零感染、确诊病例零死亡和医护人员零感染。继 2012 年为其颁授"专业功绩勋章"后，2021 年 1 月，澳门特区政府为表彰他在抗击新冠肺炎疫情中做出的贡献，再次获颁个人勋章。此外，李展润也当之无愧获得了"仁爱功绩勋章"。

对于获得澳门特区政府的多次肯定，他认为两次获颁勋章都是卫生局团队的成绩，也为自己团队成员之间的合作感到骄傲和自豪。无论是前线负责隔离检测的防疫人员、在医院治疗病患的医护人员和执行口罩保障计划的卫生中心工作人员，还是负责采购和分配口罩的后勤工作人员，都面临着很大的风险，承担着艰辛的工作，但大家都做到了全力以赴、共克疫情。他表示，澳门卫生局能在新冠肺炎疫情中采取及时有效的举措，源于 2003 年"非典"期间积累的抗疫经验。2003 年，任澳门仁伯爵综合医院院长的李展润带领着同事应对"非典"疫情，尽管当时澳门只有一个确诊病人，对于澳门的医疗系统来说并不算考验，但卫生局从中总结经验，十多年来不断地锻炼医护人员的自我防护能力和提升卫生系统对突发公共卫生事件的应急能力。此外口罩等防疫物资也一直处于充足的状态，一旦出现确诊病例，澳门特区政府马上严阵以待，采取非常有效和果断的措施。在积极抗疫的同时，作为卫生局局长的李展润还成立科研小组，总结澳门首批患者的诊断和治疗经验，并结集成了多篇论文发表在国际医学期刊上。

除了发展好澳门的医疗卫生事业，李展润表示，从 2003 年"非典"之后，粤港澳三地每年都会举办传染病联席会议，定期互相通报传染病情况，十多年来，粤港澳的传染病联防联控机制取得了不错的进展。从 2018 年开始，澳门也积极参与到粤港澳大湾区的卫生健康合作中。大湾区健康大会每年在不同城市举行，由各地政府和民营医疗机构共同参与，总共签署了 60 多项合作协议，包括社区医疗卫生、专科医疗卫生、结核病的预防控制、医务行政管理以及一系列医疗产业的合作。

感恩母校：促进澳门卫生系统与母校合作

人们常说，暨大是澳门人才库，校友们在澳门社会的不同领域、不同发展阶段做出卓越贡献。据李展润介绍，澳门一半以上的医生都是暨大医学院校友。"如果没有暨南大学的栽培，我不会有今天的际遇。有机会到暨大医学院学医，改变了我的一生。"他和所有优秀校友一同出谋献策、慷慨解囊，和其他校董一样，从暨大走出来的他在专业领域发挥其表率作用，以实际行动支持母校发展。

作为暨南大学董事会董事，李展润对母校的发展及澳门暨大学子的未来一直都十分关心。在他的努力下，2002 年，暨南大学与澳门卫生局在医学领域开始了首度合作，在澳门卫生局的大力支持下，双方在医学领域、科研协作、临床专科培训、毕业生实习等多方面进行了合作交流。2015 年李展润访问母校，与叶文才副校长及校友与社会合作办、学校驻澳办、学校第一临床医学院等相关负责领导，就双方医疗合作、医生职业培训、人才交流、澳门招生宣传等方面展开交流讨论，并达成初步的合作意向。为了巩固现有良好的合作基础，以及在卫生领域更规范的协同发展，进一步加强、加深、加宽合作的空间和内涵，双方签署了《澳门特别行政区政府卫生局与暨南大学医学部合作框架协议》，旨在进一步推动医学高端人才的培养。

除了推动母校与澳门医疗卫生领域的合作发展外，李展润还积极参与学校举办的各类专业活动。在第三届暨南大学粤港澳大湾区医学与健康发展论坛上，李展润指出，澳门卫生局一直秉承"预防优先、妥善医疗"的理念，不断完善社区医疗卫生服务和提升专科医疗水平，持续巩固公共卫生系统的预防建设，深化推进健康城市，确保居民健康福祉，利用社区医疗资源，有效发挥政府、非营利和私人医疗机构的力量，完善医疗服务。

（本文信息截至 2021 年 1 月）

吴小丽：掌舵澳门『超级居委会』的暨南人

吴小丽，暨南大学1990级日语专业校友。现任全国人大代表、澳门街坊会联合总会会长、暨南大学澳门校友会常务副会长，曾任第十二届全国政协委员。从事社会服务工作数十年，将澳门街坊会联合总会发展成为持续关注社会民生问题的"超级居委会"，同时为粤澳两地融合发展做出贡献。

如果说从香港移居澳门是因为爱情，那从澳门基层蜕变成全国政协委员一定是因为热忱。在暨南大学学习日语的吴小丽，从选择移居澳门开始便从未停止学习，从中华学生联合总会的秘书到澳门东南学校的行政，再到澳门街坊会联合总会的掌舵人，在这条为民生谋福祉的道路上她始终默默地负重前行。着力于基层，扎实根基，身为全国政协委员的吴小丽是暨南校友的优秀榜样。

内地求学，收获知识与爱情

在香港出生长大的吴小丽可能没想到，自己未来的生活会因为这次内地求学经历而发生巨变。20 世纪 90 年代初，吴小丽只身一人从香港来到暨南大学学习日语。大学生活给吴小丽留下了深刻的印象，即便已毕业多年，谈起难忘的老师她仍能回忆起相处的细节。"我在暨大修读日语专业时认识了一位日本老师——宫崎先生，他经常带学生去南湖边吃夜宵。"吴小丽对这位有趣、没有架子的老师印象颇深，"他知道我经常回香港，便常逗乐地问我可否带他一同去香港。在他的指导下，我的日语口语能力提升很多，从他身上我也学到了不少日本人性格中的细致。"

除了认真钻研专业知识，活跃开朗的吴小丽还经常参加学校各类活动，兼任暨大艺术团的学生工作。"艺术团有位老师一直鼓励我们港澳生融入广州的生活，给予我们极大的信任。当时我负责分管艺术团的化妆和服装，老师就把整个学生活动中心的钥匙及所有的东西都交给我去管理，这是我第一次感觉到别人对我的高度信任。将学校的财产交给我管理，让我明白如何去分管物资，并进行收纳和整理，在这个过程中老师也给了我很多建议。"提起这位老师，吴小丽的眼睛里满是感激之情。

在这样一个充满关怀、开放包容的校园环境中，吴小丽开始觉得自己到内地不再只是一个过客，而是深深地融入了这里的生活。她和同学一起游新疆、深入中国与尼泊尔交界处等地，感受祖国大江南北不同的文化与风景，更加充分地了解、认识内地。暨大的侨校特色也让吴小丽在学校里接触到来自世界各地的朋友，了解不同地方的历史文化，拥有了更强的包容能力和思维能力。当然，这其中最为重要的一次经历便是在暨南园中，她结识了与自己共度一生的伴侣——雷民强，这位来自澳门的学生。从此，这位香港姑娘和澳门结下了不解之缘。

移居澳门，见证回归与改变

在移居澳门前，吴小丽曾去过几次澳门，她亲身体会了回归前澳门治安的混乱和经济的萧条。据吴小丽介绍，当时，澳门电视上的新闻报道里，经常出现这样的画面：澳门标志性的大三巴牌坊下面放一把枪，这说明当天又有枪击案。因此，吴小丽的家人对其要嫁到澳门流露出担心之情，但在她的坚持下，她还是在回归前同先生结婚，随后移居澳门。

一开始，吴小丽找工作并不顺利，在多次碰壁之后，一位朋友告诉她中华学生联合总会需要一位秘书，问她是否愿意尝试。尽管薪水只有她在香港工作时的一半，她还是决定抓住这次机会。吴小丽参加工作时恰好是澳门回归祖国前夕，她主要负责组织学生团体参加庆祝回归活动。1999 年 12 月 20 日，这一天让吴小丽在今日回想起来仍然激动。"那天澳门到处都是欢庆的气氛，我们一家特地来到几处有标志性意义的建筑前合影留念，希望能记住这让所有澳门人兴奋的时刻。"回归祖国后，澳门治安有了很大水平的提高，社会稳定带来了经济腾飞，也为吴小丽带来了新的发展机遇。

2002 年，澳门东南学校找到吴小丽，希望她去做行政工作。她努力工作的同时亦不忘坚持学习提升自己，弥补缺失的业务知识及技能，"转行做教育对本科学习外语的我来说并不是那么容易，那时我白天上班，晚上到特区政府教育青年局办的培训班学习"。上天从不会辜负努力的人，吴小丽的工作越做越好。三年后，澳门街坊会联合总会又向她伸出了橄榄枝。就这样，吴小丽走上了社会服务工作之路。这一份工作，也让她在日后为民谋福祉的工作过程中，更深感责任的重大。

澳门街坊的 "大家姐"，服务社会促进共融

澳门被称作"社团社会"，平均每百人就有一个社团。回归 20 余年来，澳门社团从 1 700 多个发展到 9 000 多个。社团文化成为一道独特风景，为这座城市增添了活力和人情味。众多社团中，吴小丽所在的街坊会联合总会拥有会员 4 万多人、义工 6 000 多人，在民生领域扮演重要角色，与普通民众生活息息相关。"当初街坊会联合总会之所以成立，其实与澳门回归息息相关。"吴小丽介绍称，20 世纪 80 年代，得知澳门将回归，街坊会联合总会成员们认为应当联合起来，共同商讨如何推动澳门回归以及回归后的过渡工作，于是在 1983 年街坊会联合总会应运而生。回归后，澳门社会发生了积极的变化，"治安变好了，经济发展很快。安老、托幼、医疗、教育等多元化的民生需求都被激发出来，这些都反映在街坊们对我们总会服务的需求上"。30 多年来，街坊会联合总会

持续关注社会保障、房屋、教育、治安等社会民生问题，已发展成为"超级居委会"。

彼时，街坊会联合总会面临着管理层老化、需要年轻人接班的情况。对吴小丽来说，这是机遇也是新的挑战。她先后学习了澳门工会联合总会与中国劳动关系学院合作的社会学以及与中山大学合作的行政管理等学位课程，用 5 年时间弥补了专业知识的不足。2014 年，吴小丽成为澳门街坊会联合总会的新掌舵人。

背靠祖国，澳门搭上了高速发展列车，澳门街坊会联合总会也日渐壮大，服务范围从澳门延伸到内地。据了解，在澳门辖区内，澳门街坊会联合总会由 4 个分区办事处、28 个基层坊会、30 多个服务机构、50 多个大厦业主会联系会员和社区组织组成。2018 年，为服务居住大湾区的澳门市民，澳门街坊会联合总会于中山市设立办事处，其后升格为广东办事处，这也是澳门首批合法进驻中山的境外非政府组织代表机构。2019 年 11 月，澳门街坊会联合总会在横琴开设了首间综合服务中心，开创澳门在大湾区与当地政府合作设立社会服务机构之先河，在过去两年多的时间里，该中心服务人次超过 12 万。

"作为一个平台，我们在两地居民共融和沟通中起到了中间桥梁的作用。"吴小丽介绍，澳门街坊会联合总会横琴综合服务中心服务的不仅仅是澳门居民，还有区域内的内地同胞。"这里有来自全国各地的同胞，生活习惯、文化甚至语言都各有差异。在平时我们会组建各种兴趣小组，例如当地的街坊朋友教澳门居民讲普通话，澳门居民教内地的朋友讲广东话，通过各种不同方式的活动，加速两地居民的共融。"

2019 年 11 月 8 日，街坊会联合总会广东办事处横琴综合服务中心在珠海揭牌，这是澳门社团在内地开设的首个综合社会服务项目。吴小丽说，横琴中心将有 10 名澳门街坊会联合总会的资深员工常驻，并直接引入澳门的社工人才、服务项目和服务理念，为在横琴创业、就业、就学、居住、旅游以及养老的澳门居民及横琴本地居民提供专业化、针对性、精细化的服务。"粤港澳大湾区有助于澳门多元经济发展，我也希望澳门的社会服务经验可以被带到大湾区，不仅服务在内地的澳门居民，也为内地居民带去关怀。"

因为了解，所以理解

因为工作关系，吴小丽频繁往来粤澳两地，也近距离地感受到两地融合发展过程中存在的问题。当选全国政协委员后，吴小丽愈发认为在暨大求学的经历是一笔巨大的财富。她说："因为了解，所以理解，在议政平台上可以发挥更大的作用。"自任职澳区全国人大代表以来，吴小丽从未缺席全国两会，会议期间，她细心聆听、虚心学习、深刻领悟政府工作报告中所带出的信息和意义。在 2022 年的政府工作报告中，吴小丽感受最深的是更着力于基层，扎实根基。让她印象最为深刻的是报告中的最后一句话："中国的发展从来都是在应对挑战中前进的，中国人民有战胜任何艰难险阻的勇气、智慧和力量。"这句话深入民心，让人振奋。她相信澳门人在面对困难时也会坚强不息，奋力前行。

此外，吴小丽也感受到中央政府对澳门的深切关怀。近年来她提出的不少建议都得到了落实改善，例如在第十三届全国人民代表大会第一次会议时，她提出优化港澳台居民回乡证的使用问题，让港澳台居民手持回乡证即能便利出行，可以网上购票，居住酒店不再受限……这些问题在近年的大湾区建设工作中也陆续得到解决。"内地体量这么大，事情那么多，但我带到全国两会上的每一个建议都能得到认真、及时的反馈和督办。"

作为暨南大学澳门校友会常务副会长，吴小丽坦言自己虽然是到澳门工作后才加入校友会，但其实一直和暨大的老师及同学们保持着联系，每年暨大老师到澳门招生时他们都会抽空聚在一起说起那些年在校园里的点点滴滴。她深感母校对于港澳台侨生的培养发挥了很大的作用，希望母校可以继续发挥侨校的优势，给予港澳台侨生更多学习机会，也希望学生利用在校的时光，好好享受校园生活，参与学校不同的活动，体会了解不同地方的历史文化，以更加包容的心态迎接未来。

参考资料

1. 曹槟、章利新：《做居民和政府都信任的"超级居委会"——访澳门街坊总会理事长吴小丽》，新华网，2019 年 12 月 3 日。

2. 纪娟丽：《吴小丽：香港姑娘澳门"变形记"》，《人民政协报》，2019 年 12 月 11 日第 2 版。

王庆祥：用慈善牵手两岸情

让暨南温度传递千里

王庆祥，暨南大学 2010 级高级工商管理硕士（EMBA）。现任广州市台资企业协会会长、广州大新光电珠宝有限公司董事长、暨南大学台湾（广东）同学会会长，曾任广州市暨海慈善基金会理事长，荣获"第十六批广州市荣誉市民""2020 年广东省劳动模范"称号。

　　暨南大学是大陆接收台湾学生最多的高等学府，这里已然成为台湾青年追梦、筑梦、圆梦的热土。从暨南拱门走出的台湾校友王庆祥也在珠江边留住了脚步，亲行慈善、建美术馆、创同学会……这位老校友尽其所能，搭建桥梁，让世界倾听两岸青年的心声。

知命之年，重返校园

　　20 世纪 70 年代末，越来越多的台商伴随着改革开放的浪潮来到大陆，见证并参与了祖国的经济发展，王庆祥就是其中的一员。1989 年，王庆祥从台南来到广州投资兴业，凭着一股干劲，他将事业版图一步步扩大。"我们那时候做实业都是一头栽在工厂里，但想要将事业发展壮大还是需要储备更多的知识。"谈及深造缘由，王庆祥笑着说道："那时候，我每每从黄埔大道经过就看到学校的大拱门，想着自己哪一天也能在这里学习。"2010 年，已过知命之年的他如愿走进暨南园，开启了一段难忘的边工作打拼、边学习成长的时光。

　　彼时，每周两天的上课时间成了他最为放松的时光。"学校的老师、同学亲切友善，上课的气氛好极了。尤其同学们都来自五湖四海，从事各行各业，也都离开校园很久了，还能有这种学习的机会，大家都很兴奋，我在其中收获很多。"曾担任班长的王庆祥直到现在还常常把大家聚在一起，班级同学们的感情并没有因为毕业而减淡。让他印象深刻的不仅有经历互补、真诚交流的班集体，还有踏实治学的老师们，"尤其是我的班导左小德老师，他就是把教师当作他的毕生职业，对待学生、对待学问都尽心尽力，非常负责"。尽管已离开校园数年，说起当时的同学和老师，年近古稀的王庆祥脸上还是洋溢着青春的神采。

善意在心，绝知躬行

暨南园不仅见证了王庆祥学识的渐进，还滋养了这位踏实台商的涓涓善意。就读期间，有一位同学提出在贵州盖一所希望小学的想法，一心向善的他积极响应，联合同学们发起成立广州市暨海慈善基金会，并联系管理学院吴菁老师等人，自发组建小分队前往贵州实地考察。在这样一支富有行动力和社会责任感队伍的推动下，希望小学顺利建成。

王庆祥的善心，来源于他绵长的家国情怀。在他看来，台企在广州健康发展，得益于改革开放所带来的巨大发展红利，所以他尤其感恩中央、地方政府和各级台办，他们无微不至的关心对当时台商的经营和生活是一股重要的力量。所以，王庆祥始终认为企业的财富是带有社会属性的，取之于国，当用之于国。

2011 年，王庆祥和几位志同道合的校友正式成立广州市暨海慈善基金会。从"我"走向"我们"，王庆祥手中有更多力量支持他步入慈善，帮助更多的人。希望小学顺利落成，仅仅是万里长征的第一步。出钱建校解决了"硬件"问题，但并不能给乡村孩童带去现代化的教学和真情实感的关心，他更关注的是提升乡村教育软实力和满足留守儿童的情感需求。于是，在他的带领下，暨海慈善基金会一方面开展"青冰计划"，组织偏远地区的乡村教师来到城市接受再教育，学习新的教学方式和教育理念，授人以渔；另一方面开展"一对一助学"，即资助人一对一认养广东省内偏远地区的留守儿童，陪伴他们成长。同时，配套"探访认定—稽查—实践—督导考核"的管理机制，确保每一份善意都能准确无误地送达所需之处。

王庆祥身体力行地响应基金会的计划，他在连州认养了 3 个留守儿童，他们的情感早已超越了物质的资助，而是如家人一般，相伴前行。至 2021 年 6 月，已有 70 位一对一爱心家长累计资助 112 名乡村留守贫困儿童，助力乡村学子顺利完成学业。"青冰计划"则是惠及对象最多、受益范围最广的可持续发展项目，累计培训了来自广东、四川、贵州等地乡村教师 200 余人，间接受惠乡村学生约 4 万人。

当初发端于暨南的涓滴汇入了细流，不知不觉间，自成江海。他在基金会倡议发起"月行一善"的项目，倡议每人每月捐出 100 元，以便投入资助需要救济救助的暨南人。截至目前，累计紧急救助 19 个受益方，捐赠款项达 80 余万元；2020 年初新冠肺炎疫情暴发之际，他向华侨医院捐助了 600 副护目镜。据悉，王庆祥及其企业向武汉、广州医疗单位捐赠护目镜共计 25 000 副，价值百余万元。身为广州市台资企业协会会长的他还在全省台协中率先向广州市台协全体会员发出倡议书，号召在穗台企台胞台属踊跃捐赠疫情防护物资，支援抗疫一线。在王庆祥先生的感召和带领下，广州市台资企业协会会员累计捐款捐物达 1 000 万元，在全省地级以上市名列第一，他也因此获评"广东省劳动模范"称号。

赋予艺术温度，沟通两岸人文

"我常常在做这样一个梦，如果台湾的每一个县市都有艺术森林，那台湾就会变成一个艺术岛，人也是因为有梦才会一步一步往上走嘛。"说起艺术森林，一向低调内敛的他，眼神中闪烁着光芒。

王庆祥生于台南，台南的人文地理和旖旎风光缓缓淬炼出了王庆祥的艺术梦。"台南很特别，它没有遍地高楼大厦，而是一栋一栋的矮房子，我想艺术家就可以把自家一楼整理出来，作为展示的美术馆，二楼可以教学生画画，三楼可以作为创作空间，四楼就是住处，就和我们'前店后厂'的概念一样。"凭借自己对于台南文化和特征的了解，他在 2015 年发起了"艺术森林计划"，赞助当地艺术家打造私人美术馆。

"我希望，艺术森林计划不仅能赞助艺术家的创作，也能让更多的民众贴近艺术，兴许还能带动台南的文创和旅游经济发展"，王庆祥兴致勃勃地说道。王庆祥眼里仿佛看到了散落在台南大街小巷的美术馆，正是它们让台南绽放出别样的艺术气质。也正是这一契机，让他开始投入到两岸文化交流工作之中，从"生我育我"的台南到"成我立我"的广州，王庆祥为这两座城市的人文情感链接播撒下艺术的种子。

2016 年，由王庆祥独资创办的大新美术馆在广州市花都区落成，这是广东省首家由台籍人士创办的海峡两岸交流基地。目前该项目共赞助进驻创作的艺术家约 90 人次，举办两岸青年艺术家展和重大交流活动近 20 场。

在外界看来，做公益美术馆很"烧钱"，行政办公费用、筹办艺术交流、准备比赛奖金都需要大量的资金支撑。王庆祥也曾透露，每年美术馆在两岸交流上的花费大概在 300 万元。尽管有形的经济收入还看不到，但他坚信"官方的推动与民间的推动有不同的效果，民间企业家组织交流活动，更容易让民众接受，两岸的交流就是靠人民之间一点一滴努力促成的"。

对于普通商人来说，成立美术馆一定不是经济效益最高的选项，但对王庆祥来说，他是要实现艺术交流的深层功能——两岸对话，了解彼此的创作，洞悉彼此的观念才能成为好朋友。等到艺术作品有了不一样的温度，人与人之间也就能破冰了。

目前，大新美术馆初具规模，每年的 11 月 12 日还会举办大型的两岸青年艺术创作展，来自大陆和台湾地区各大高校美术系的师生都会来到花都参与这场盛会，两岸艺术青年在这里有了更多了解彼此的机会。"两岸的情况比较特

别，我希望民间还是要去做一些力所能及的事情，去帮助推动和促进两岸关系
和平发展，拉近两岸同胞的心灵距离。"王庆祥诚恳地说。

薪火相传　生生不息

王庆祥一直心系在粤学习、工作、生活的台湾学子，和同样来自台湾的校
友黄正朗、沈亨将交换想法后，三人一拍即合，联手创办暨南大学台湾（广
东）同学会，并担任首届会长。他坦言，创办同学会的初衷就是希望暨大的台
湾学生毕业后能有一个和校友、广东台商前辈交流的平台，共享创业就业资源，
学习宝贵经验，让他们能有归属感，才会想要留在这里继续发展。同时，同学
会还和在校的台联学生组织联动发展，定期举行一系列的活动，包括歌唱比赛、
联谊会等，只要学生组织提出需求，同学会的校友前辈们就积极响应参与。

这种从学生时代就开始深耕培养的模式，让暨大的台湾学子们在毕业后能
够无缝衔接地加入台湾（广东）同学会，成为助力母校发展及地方经济建设的
重要力量。作为星星之火的老校友王庆祥，以他的热情和情怀，点亮了暨大台
湾校友们的心，使其汇聚成簇簇火焰，让台湾（广东）同学会得以生生不息。
暨南大学是大陆接收台湾学生最多的高等学府，目前在读台湾学生有 1 100 余
人，这些学生毕业后有超过 20% 都会选择留在广州，开启自己人生新的阶段。
而他们能够顺利留在当地发展，融入祖国的生活，与同在广州的台湾校友的帮
助密不可分。

王庆祥一直坚信在两岸交流上，包括他在内的民间力量还可以做更多努力。
"我常说，暨大是一所非常了不起的学校，我每次听到'有海水的地方就有暨
南人'都很感动，它容纳了来自世界各地的学生，在传播中华文化和促进各方
交流中扮演了一个很重要的角色。"在大陆的台湾学子是连接海峡两岸的天然纽
带，越来越多的台湾学生来到大陆读书生活，他们回到台湾时就会和家人、朋

友分享大陆的发展现状，在这里的美好生活，这种交流虽无形却是十分有效的。

王庆祥身上的标签或许有很多，但都掩盖不住他那颗赤子之心。积极开展两岸艺术交流，团结凝聚在穗台籍人士，形成合力，反哺社会。30 余年间，初心未改。背靠祖国，所以有最大的底气；心向祖国，所以有最强的行动力。

第 五 章

桃李满天下
梓楠遍五洲

章少辉：是律政精英 也是文化大使

章少辉，暨南大学1991级经济法学专业校友，比利时鲁汶天主教大学国际法法学博士。现为卢森堡和比利时执业律师，大成–Dentons卢森堡欧洲区合伙人、中国客户部负责人，欧洲华人律师协会发起人兼第一任、第二任会长，中华人民共和国驻卢森堡大公国大使馆文化中心法律顾问，卢森堡政府外国人理事会理事，华南理工大学法学院客座教授，暨南大学法学院特聘实践导师，卢森堡大学兼职教授，暨南大学荷比卢校友会副会长。

求学暨南，是章少辉职业生涯的基石。投身法律事业，在事业上他成绩斐然。团结海外侨胞，他以暨南人的身份在海外不遗余力。作为暨南学子和中华文化在欧洲的传播者，他让世界听见暨南声音。

求学侨校暨南　树立律政信条

"我一点都不后悔在暨大学习法律。"章少辉至今依然认为来到暨南大学是自己当年做出的最正确的决定。当年他之所以选择报考暨南大学，一方面是因为考虑到自己的华侨身份，暨南大学被誉为"华侨最高学府"，社会美誉度和办学质量有口皆碑；另一方面也是由于他坚信法律将在经济社会发展中发挥重大作用，而暨大在当时是拥有法律系的少数高校之一。

1991 年，章少辉如愿进入暨南大学经济学院经济法学专业学习。回忆起在暨大的学习时光，章少辉还记得 30 多年前为自己传道解惑的老师的姓名。经济法学系在当年作为一个成立不到一年的学系，在张增强教授、李伯侨教授、朱义坤教授等一批"拓荒者"的努力下不断发展壮大。初生牛犊不怕虎，经济法学系的第一批师生都有着一往无前的冲劲和干劲，在他们看来，法律是推动经济发展和促进改革开放的必不可少的有力工具。身为经济法学系的一员，章少辉同其他同学一样，积极学习和参与院系组织的各项活动。

经过在暨大四年的学习，章少辉已然将"社会的向前发展，法律应该作为整个社会的行为规则，从而走向法治社会"作为自己的信条。这句话成为他职业生涯的基石，也激励着他向着更高的法学殿堂迈进。

投身法律事业 正义便是曙光

1997 年，经过两年的准备，章少辉赴比利时鲁汶天主教大学留学，研究国际法与欧洲法学。留学期间章少辉表现优异，曾获得中国教育部、意大利罗马国际统一私法协会、德国马克斯—普朗克国际私法研究所等多家国内外部门和研究机构所颁发的奖学金，并于 2000 年取得国际法与欧洲法学硕士学位，2007年取得国际法法学博士学位。

博士毕业后，章少辉考取了比利时的律师资格，成为荷比卢地区为数不多的华人律师之一。在比利时成为执业律师十分困难，除了必须通过十几门课程的考试外，在取得律师资格后还要见习三年，其间必须接受并通过律师职业培训后才能够作为正式律师独立执业。见习期间，章少辉按照律师工会的要求，代理包括民事、刑事案件在内的各类诉讼，以积累足够的诉讼经验。

三年见习期结束后，章少辉选择公司投资和收购作为自己的职业方向，目前他工作的主要领域涵盖公司法、银行基金等方面，有时候也会帮助当地华人解决一些移民法律问题。在章少辉的职业生涯中，他的主要业务是为中资企业来欧洲投资的项目提供法律服务，维护中资企业在欧洲的法律安全，避免投资业务出现法律问题。经过十余年的打拼，章少辉在事业上成就斐然，他现为大成 – Dentons 卢森堡欧洲区合伙人和中国客户部负责人。

本职工作之余，章少辉也会为那些有合法或者合理的理由，但无力支付律师费的弱势群体提供法律援助。有一桩案件至今让他记忆深刻：2019 年 1 月 1日，两名卢森堡大学的中国籍研究生在元旦夜不幸遭遇严重车祸，其中一人昏迷长达三个星期，并且肇事人是醉驾。当中国大使馆与章少辉取得联系后，他当即同意向两位留学生提供法律援助。考虑到两位同学个人及家庭经济状况不佳，他提供了完全免费的法律援助。前不久案件刚刚结束，在各方努力下得到了较为公平合理的处理，两位中国学生拿到了相应的赔偿，身体恢复得也很好。

团结海外华人　促进中卢交流

　　章少辉不止在法律行业建树颇多，在当地的华侨华人群体中也颇具影响力。他积极参加社会活动，团结海外华侨华人，促进中卢交流，先后发起成立欧洲华人律师协会，担任卢森堡政府外国人理事会理事、中国驻卢森堡大公国大使馆文化中心法律顾问，并联合创立暨南大学荷比卢校友会。

　　2010 年，章少辉召集了整个欧洲区十几个华人律师，成立了欧洲华人律师协会，并担任第一任、第二任会长，自协会框架确立以来，到如今已经壮大到100 多个成员。任职会长期间，章少辉起草了协会章程，明确协会的宗旨，即增进在欧洲工作的华人律师间的交流联系；代表和维护协会成员的合法权益；方便协会成员和其他律师、律师事务所等实体在大中国区和欧洲之间的联系；加强国内国外各种专业机构的合作；推动大中国区和欧洲的法学研究与法律教育等。目前，该协会覆盖全欧洲，是欧洲华人律师群体中影响比较大的协会之一。

　　作为卢森堡政府外国人理事会理事，章少辉在维护外国人权利、促进中外交流上成绩斐然。2015—2016 年间，卢森堡政府计划修改国籍法，章少辉被推选为改革建议小组负责人，负责召集十几位有关人士共同撰写国籍法改革意见。章少辉认为，卢森堡作为移民国家，外国人口占卢总人口的 50%，立法机构应当放宽入籍条件。于是他向卢立法机关提交了缩短入籍所需居留年限、下调语言等入籍要求、增加获得国籍途径等建议，这些建议大多被卢森堡政府所采纳，列入现行卢森堡国籍法的条文当中。新冠肺炎疫情暴发之前，卢森堡王储、财政部部长或经济部部长每年都会组织代表团到访中国，促进中卢经济往来，章少辉都会陪同参加。

作为暨南学子，章少辉始终没有忘记自己暨南人的身份。2014 年，在暨南大学、广东省侨办的关怀帮助和各地校友的支持配合下，章少辉协同曾穗琴校友积极联系荷比卢地区暨大校友，创立暨南大学荷比卢校友会。荷比卢校友会是第一个在欧洲成立的暨大校友会，以"服务于校友，服务于母校，服务于社会"为宗旨，不仅是暨南大学的正式海外招生处和交流处，也是校友情感交流的平台，将身在欧洲的暨南人紧密地联系在一起。同时，荷比卢校友会也在接待母校访学团体、促进暨大和欧洲院校的学术交流上发挥了重要作用。2018 年暨南大学林如鹏书记访问比利时期间，章少辉专程联络鲁汶大学校长，并全程陪同林书记访问鲁汶大学。此外，章少辉也十分支持母校学院发展，担任法学院/知识产权学院校友联谊会副会长，为学院发展出谋划策。

传授书法之道　弘扬中华文化

在业余时间，章少辉也是一名书法爱好者，他自小受潮汕地区传统文化的熏陶，喜欢文学书法。早在 1994 年初，章少辉尚在暨大求学期间，他就师从著名书法家曹宝麟老师，并和曹老师结下了深厚情谊。1995 年章少辉毕业时，曹宝麟老师即兴赋诗一首："南来万里忽经年，矻矻耕耘但砚田。最慰诸生不吾弃，临岐欢尽亦凄然。"这首诗见证了师生之间的真挚友谊。直到现在，他还在坚持每晚临帖，其作品也先后入选各类海外展览，让世界各地的人们领略中华书法文化的魅力。

在自我提升书法功力之余，书法也成为章少辉传播中华优秀传统文化的得力工具。章少辉曾应卢森堡中国文化中心邀请举办书法讲座，并在卢森堡大学孔子学院讲授书法课。授课对象主要是一些对中国文化特别感兴趣的人，章少辉也很耐心，他认为首先要培养学生对中华文化的兴趣，在此基础上传授中华文化。同时，他也利用法律专长支持中国文化传播，为相声演员姜昆老师设立的"国际说唱艺术联盟"申请免费法律援助。他表示，"我非常高兴能够为这一鼓舞人心的创意贡献微薄力量，这个项目必将推动中国说唱文化的传播，并将成为加强中国和卢森堡的文化和经济连接的重要平台"。

提及传播中华文学的缘由，章少辉将其归结于卢森堡大力宣传本国文化给自己带来的启发。他回忆起 2008 年第一次参加卢森堡访华经贸代表团的时候，那时国人大都不了解卢森堡，甚至以为卢森堡在德国。然而到了 2018、2019 年，当他再次回国时，国人已经对卢森堡有一定的了解。其中一个重要原因就是 2010 年上海世博会期间，卢森堡特地将镇国之宝——金色少女像运抵中国，卢森堡馆也因此成为上海世博会期间最受欢迎的展馆之一。此后，章少辉切身感受到卢森堡在文化宣传上所做的努力，其对提升经济、社会、人文影响力起了很大的作用，收获了丰硕成果。近年来，不少中资企业都落户卢森堡，例如中国银行、中国工商银行、中国建设银行、中国农业银行等大型国有银行都将欧盟总部设立在卢森堡。"如果以后有机会到卢森堡来旅游观光的话，你们会发现很多中资银行，好像是在国内一样。"

作为暨南学子和中华文化传播者，习近平总书记勉励广大暨南师生"把中华优秀文化传播到五洲四海"的期望令章少辉备受鼓舞。对于文化传播，章少辉阐述了自己的见解：随着中国的经济发展，中华优秀传统文化的传播自然会愈来愈好，如今国外学中文的人越来越多，不少国家在中学阶段就可以选修中文，这是很了不起的。从中可以看出，只要踏踏实实把经济搞上去，文化自然而然就会跟上去，所以传播文化既需要主动推广，同时也是随着经济的发展水到渠成的事。

唐根基：印尼华文教育的新生力量

唐根基，印尼华人，2007 年至 2016 年在暨南大学完成本科至博士三个阶段的学习，是我国首位华文教育专业的海外博士生。现任印尼峇淡世界大学语言文化教育学院院长、印尼苏南省和谐文化教育基金会执行主席、印尼高等院校中文系协会会长、暨南大学印尼苏南区校友会会长、中华唐氏宗亲海外联谊会东南亚协调执行长。

生在印尼，唐根基目睹了印尼华文教育由封闭到解禁的全过程；学在广州，远渡重洋在暨南大学求学九载，他的个人成长史浓缩着暨南大学为"一带一路"沿线国家培养人才的努力，同时也折射出印尼华文教育的复兴之路。这个从暨南园走出的首位华文教育博士毕业生，时刻铭记着与母校的约定，牵着中华文化理想，挑着华文教育梦想，成为引领印尼华文教育的佼佼者。

磨难中坚守　华文教育浴火重生

唐根基出生于印尼的华人家庭，父母来自福建安溪。自小听着父辈漂洋过海的奋斗史，唐根基对于海那边的大好河山心生向往。小学时，每当听到别人说中国话，偷偷查词典看到方块字时，他都会心生亲切温暖的感动，但是这种感动的时刻来之不易。

二十世纪六七十年代，由于历史原因，印尼全国1 000多所华文学校被迫关闭，自此华文教育在印尼中断了32年，整整两代人的华文教育就此缺失。但是，官方的禁令无法阻止人们学习汉语的热情，唐根基回忆起当时民间偷偷开展华文教育的盛况："有的在家里开中文班，有的在佛堂开中文课，也有的在道观里辅导中文。"当时，五年级的他意外得知弥勒佛堂开班教学，他和朋友约定每周周末步行到佛堂学习，每次只能学四十分钟，但步行往返的时间却要四个小时，尽管如此他还是整整坚持了一年。

条件如此艰苦，为何还要坚持学习汉语呢？唐根基笃定地说："我是华人，华人不会汉语，怎么行？"那时印尼人常说汉字是"鬼字"，而华人却说汉字是"神字"，因为它只出现在庙里，为人祈福消灾。时人对汉字的看法越发激起了唐根基学习民族语言的好奇心和热情，汉字是神是鬼，唐根基在佛堂学习之后便有了答案。此外，唐根基希望华人被欺辱时能够面对面解决问题，"豪气面对万重浪"，他说那时候华人就应该学会功夫、学会自己的文化。

在佛堂学习中文一年后，唐根基便成为老师，虽然自己还不会说汉语，但凭着记忆里不到100个的汉字，他一笔一画、一横一竖地开始教学。当时华文教育仍未解禁，学习场所散落在仓库、鸡场等地，但唐根基在磨难中坚守了下来，终日埋头琢磨教学工作。1999年，印尼的华文教育迎来重生的转机，当局允许华人开设中文补习班，中文开始进入学校。也正是这一年，他生命中最重要的恩师和父亲相继离去，但两人都留下了相同的嘱托——"优秀的中华文化会桃李芬芳""要把中华文化一代代传承下去"。

于唐根基而言"永生难忘的年度"与印尼全体华文教育者"集体欢呼的年度"就这么重叠起来，这似乎预示着他将迎着曙光，成为复兴印尼华文教育的探路人。2002年，经过深思与讨论，唐根基、李娟樱、Lewi三人大胆地将中文课引入学校，成为巨港正规学校的首批中文老师。2002年至2007年，唐根基被推举为全巨港市儿童班总校长，开设有24个儿童班，学生约有3 000人，拥有100多位年轻的中文老师。

印尼的华文教育发展犹如一次长时期的文化苦旅，但幸好，唐根基看到了全国华人光明正大地传扬中华文化的未来，"有的建设三语学校，有的开补习中心，还有的在国立和私立学校担任中文老师"。"大大方方地教中文"，让中华文化的种子可以继续在华人社会生根发芽，这正是印尼华侨华人所喜闻乐见的。

九年求学时光　暨南记忆弥足珍贵

2006 年，暨南大学华文学院华文教育专业本科开始在印尼招生，唐根基在报纸上看到这则喜讯，顿时心花怒放。这正是回到祖籍地提升自我的好机会！在印尼象棋总会苏南省分会唐建源主席、巨港客家同乡会秘书长曾竹林先生和曹裕光主席等一众华人领袖的帮助下，唐根基筹够了留学费用，踏上了海外求学路。

回忆起在暨南大学九年的学习时光，唐根基感慨万千："来到暨大学习是我第一次回到祖籍国——中国，从飞机抵达广州的时候开始，在暨大所有的时光都很宝贵，其中的点点滴滴都是有感情的、都是美好的记忆。"

在他看来，在中国学习的每一秒都很宝贵，必须珍惜时间、努力学习。除了利用公假代表学院参加课外活动外，唐根基从没有过迟到、旷课或请假，毕业时，班上只有唐根基一人获得全部学年的全勤奖。在课余时间，唐根基脑海中依然想着学好汉语，而身边同学告诉他，校内各种语言比赛是最佳的实践地。

于是，唐根基报名参加了华文学院的朗读比赛，这是他"人生第一场，也是最难忘的一场比赛"。当时唐根基从未朗诵过诗歌，汉语水平也不高，在拿到题目《母亲》后，他便一字一词地去查、去解读，甚至向球场的小学生请教。理解诗句的含义后，还要解决背诵的难题，"我不喜欢背，记忆力也不强。但勤能补拙，别人 6 点起来，我 4 点起来，大家晚上 10 点睡觉，我 12 点、凌晨 2 点才睡觉，就这样学习，就这样背出来"。功夫不负有心人，唐根基顺利拿下第一名。谈及比赛带给他的收获，唐根基说道："只要你有心，没有一件事情是做不到的。"中华民族的勤奋和韧性在他身上体现得淋漓尽致。

在广州这个大都市，唐根基得到了许多拥抱多元文化的机会。2010 年，担任广州亚运会和广州亚残运会志愿者的经历就让他难以忘怀。当时唐根基是志愿者队伍里唯一一名海外华人副中队长，肩负着管理几百名志愿者的职责。在这期间，他学习如何控制自己，懂得如何提升自己，学会了如何与大家沟通交流、如何管理团队、如何与观众互动、如何向领导报告……那时，"hottogo 华文教育"这句口号成了全院志愿者们的精神支柱，也鼓舞着他振作精神、消散烦恼。

回首九年求学路，暨南园的学习时光夯实了唐根基的专业知识，社会实践磨炼了他的品性，育他成才，伴他圆梦；中国华文教育基金会的"金鹰奖学金"和"雅居乐奖学金"伴随着他戴上了博士帽。唐根基感恩九年前所做的决定，因为回到中国，他才有机会从一个只认得几十个汉字的华人蜕变为真正的华文教育工作者。

自达方可达人 校友工作助力留根工程

落地生新根，仍未忘故土。在博士毕业前后，唐根基收到不少单位的邀请，但他从未忘记与母校的约定和自己的使命——回到印尼普及华文教育。"自己了解优秀的中华文化不如大众了解优秀的中华文化，自己享受华文教育不如大众享受华文教育。"

2009 年，唐根基与巨港的几位华人领袖在探讨了印尼华文教育的发展对策后，发起成立印尼苏南省和谐文化教育基金会。基金会每年都能获得暨南大学海外华文教育专业本科奖学金名额，并会推荐、选送热爱中华文化与华文教育的学生到暨南大学深造。随着科技的进步，唐根基还在巨港开设华文教育本科专业远程教学，推动巨港与邦加成为暨南大学远程教育教学点之一，约有 150 名学生获得中国华文教育基金会"雅居乐奖学金"，未来也将有越来越多的华文教师加入到提高学历的培训中。

唐根基深知，海外华文教育这项"留根工程"不可能一蹴而就。这段"根"需要一代代人的深深耕耘，默默奉献。在暨大留学期间，他了解到除了老乡会和宗亲会外，还有另一支可依靠的新生力量——海外校友会。

2012年2月12日，唐根基与朋友一道成立暨南大学印尼苏南区校友会，并担任会长一职。苏南区校友会覆盖了苏南省、占碑省、明古鲁省、邦加－勿里洞省、南榜省五个省，共计有200多位校友，其中主要是暨南大学全日制毕业生及华文学院毕业的函授学生。全日制毕业生大多数是年轻人，多就读于华文教育专业；函授制毕业生数量较多，年龄偏大。因为校友大都是华文教育的毕业生，毕业后也多从事华文教育工作，因此校友会的工作也主要围绕华文教育展开。

这些年来，苏南区校友会在校友之间、校地之间搭建起沟通的"信号站"。校友们通过举办中华文化活动、做慈善、做志愿者、开研讨会等，齐心协力弘扬中华优秀传统文化，如联合中国象棋协会举办中国象棋比赛、开展中国寻根之旅冬（夏）令营等。新冠肺炎疫情期间，为提升华文教师的教学能力和研究能力，苏南区校友会还自发组织和联合暨大华文学院开展了华文教育培训活动。

对于校友会未来能在印尼华文教育发展中发挥哪些作用，唐根基坦言"自达才可以达人，自立才可以立人"，目前印尼的华文教育是规模扩大的横向发展，而非质量提升的纵向发展，需要在各方面有所突破。教师方面，需要全面提升教师的教学能力、研究能力和创造能力；学生方面，也要提升学习能力和汉语水平。

未来，他希望能够发挥校友会的力量，搭建起一个既能举办研讨会，又能为教师们提供发表文章、共同探究的平台，助力印尼华文教育高质量发展。

参考资料

《首位华文教育专业博士生唐根基的求学圆梦之路》，中国侨网，http：//www. chinaqw. com/hwjy/2016/07－20/96014. shtml，2016年7月20日。

蒋忠华：意大利华文教育先行者

蒋忠华，暨南大学 2019 级语言学及应用语言学在读博士，暨南大学汉语国际教育硕士，意大利欧洲大学国际文化教育硕士。现任意大利中文学校联合总会执行会长、意大利罗马中华语言学校校长，2011 年被国务院侨务办公室授予"优秀华文教师"称号。

自华人开辟出漫长的移民之路伊始，华文教育的历史卷轴也随之徐徐展开。一代又一代、一批又一批优秀的中国青年筚路蓝缕、艰辛开拓，怀揣着对祖国的赤子之爱，肩负起传播中华文化的历史重任，远赴重洋成为光荣的海外华文教育工作者。蒋忠华女士正是这样一位"燃灯者"，这颗耀眼的明星，在大西洋彼岸照亮了意大利华文教育事业的广阔星空。

华文教育路漫漫　吾将上下而求索

20 世纪 90 年代末，本科毕业后的蒋忠华在当地一所小学执教。当时，赶上了"出国热""下海热"的她和每一个满怀热忱与憧憬的游子一样，怀着"世界那么大，我想去看看"的青春梦想，毅然辞职前往意大利发展。2000 年初刚到意大利之时，师范专业的她敏锐地注意到当地华文教育发展的不足。

由于初代中国移民多在二十世纪八九十年代后才来到意大利，移民历史较短，根基尚浅，多为立业于当地而奋斗，对子女的华文教育缺乏重视。这导致当地华侨华人子女的中文水平普遍不高，仅能够使用中文与父母长辈进行简单的日常交流，稍微复杂的语言交流和文化互动难以进行，语言问题成为华侨华人子女认识和了解中华文化的一大阻碍。

见此情形，有着完整中文教育基础和专职语文教师经验的蒋忠华决定试一试，踏入华文教育这个全新的发展领域。2002 年，她进入意大利一所教会学校担任中文教师，这一投入就是 4 年的光阴。在教会学校任教期间，蒋忠华勤思考善总结，积极与学生和家长交流，倾听当地华侨华人的心声。与孩子们的接触让蒋忠华发现这些"华二代"们对中文极其敏感，富有语言天赋，她本人的教学水平也得到了学生和家长的广泛认可。此外，随着中国综合国力的不断提升，很多华侨华人意识到了解中华文化的迫切性，学习中文的需求不断增长。

4 年深耕于此，蒋忠华发现一步一个脚印承担起传播、交流、沟通中华文化的责任，并没有自己想象的那么困难，眼见自立门户创办华文学校的前景广阔，为了更好地实现心目中的华文教育理想，为当地"华二代""华三代"创造更好的汉语学习机会，创办一所同国内教学水平相当的高质量中文学校的想法悄然萌生。

2006 年，在与当地华侨华人、教育管理部门、关心华人教育发展的知名人士及国内外教育教学专家进行多次深入探讨后，蒋忠华毅然辞职。在意大利政府机构（CESV）的帮助下，经罗马第一区政府的批准，蒋忠华正式注册成立"意大利罗马中华语言学校"。

海外办学之路并不如想象般简单，校舍、师资、教材、生源、经费，每一个都是决定学校生存发展的大问题。蒋忠华没有向困难低头，而是从每一头"拦路虎"中不断汲取本土化经验。在场地租赁合同到期，未能及时续约时，蒋忠华不断奔走联系中国大使馆和意大利教育部，得到双方的共同支持后，与罗马一所国立高中达成了紧密的合作协议，保证了办学场地的稳定性。面对欧洲中文教师专业水平低、稳定性差的问题，蒋忠华对症下药，将教师培训作为学校发展的重点，不仅注重教师教学水平的提高，还会根据居留时间、教育理念等对教师的整体状况进行考核，让教师树立帮助学生传承中华优秀传统文化的使命感。

正是有一代又一代华文教师的精心呵护，华文教育才得以在海外华侨华人中落地生根，枝繁叶茂。蒋忠华就像华文教育薪火相传的"火炬手"，她满腔热情地致力办学，以柔弱的双肩担负起意义深远的海外华文教育事业的重担。

联手暨大　掀起意大利"华文热"

在蒋忠华"学校管理、教师培训、学生培养"三位一体的管理理念下，罗马中华语言学校发展迅速，在意大利获得了良好的口碑和声誉。学校创立之初仅有三个班级 70 多名学生，到了第二年，学生数量便已翻倍，截至新冠肺炎疫情暴发前，各课程学生总数已超 1 000 人，其中有将近 800 名学生学习中文，300 名学生学习其他课程。疫情暴发后仍有将近 600 名学生通过网课坚持学习中文，学生数量居意大利之首。

从 2002 年开始在意大利罗马教授中文，到 2006 年攻克万难创办罗马中华语言学校，在开展华文教育的数年间，蒋忠华意识到自己虽然有着丰富的实践经验，但在华文教育理论方面还存在不足。同许多海外华文教育工作者一样，她希望能在一流学府继续学习，为自己积累更多的理论知识，同时更深层次地探索和研究华文教育的新模式。

2015 年，蒋忠华得知了一个喜讯——罗马中华语言学校将成为暨南大学在意大利的首个硕士办学点。为了给海外华侨提供更加便利的学习机会，罗马中华语言学校与暨南大学签署了联合在意大利办研究生班的合作协议书，开办汉语国际教育硕士专业学位和兼读制硕士研究生的课程。2016 年，蒋忠华终于圆梦，在暨南大学度过了三年的学习生涯，顺利获得汉语国际教育硕士学位。2019 年，她又报考了暨大的语言学及应用语言学博士。"在暨大的学习经历为我的个人成长和工作发展带来了非常大的帮助。"蒋忠华感慨道。

亲身体验过后，蒋忠华认为这种学习经历难能可贵，两校的强强联合将是培养海外华文教育人才的"落脚点"。于是，她带领学校在华文教师培训等项目上同母校暨大积极开展合作。从 2010 年开始，罗马中华语言学校就开展了"走出去 请进来"的华文教师培训项目，并面向意大利南部的所有华侨进行资源共享。2016 年，蒋忠华回访母校，与华文学院的领导班子就合作办学事宜进行交流磋商，此项合作作为欧洲首创，迄今为止已培养了四届汉语国际教育硕士生。

罗马中华语言学校从筹建、发展壮大到与国外合作交流的历程，也是华文教育的意大利模式从探索到成型，进而不断推广、深化的过程。

华文教育乘东风 搭建中意文化桥

时下，"一带一路"让中国梦与世界梦相连。在"一带一路"的号召下，华文教育已然成为接力棒。蒋忠华意识到，要借此东风，传播中华文化，真正地让"中国故事"在全世界流传。

看准机遇，蒋忠华用"沉浸式"体验课堂替代纯汉字教学，她希望让华侨华人学生体悟到——中国文化不是抽象的概念，而是音乐课的丝竹管弦，是美术课的笔墨纸砚，是地理课的锦绣河山。为此，学校举办了丰富多彩的文化艺术节、国际文化节、民族节，以此展现传统舞蹈、武术、茶文化等中华优秀文化。同时，学校针对不同年级推行差异化教学，课程全面丰富，能够满足华侨华人家庭对孩子素质全面培养的需求。在教师资源方面，学校聘请了中文老师、艺术老师、管理人员等共计四十余名，整体规模在意大利首屈一指。

除了学校常规的教学，蒋忠华校长还经常组织学生参加各种社会活动，希望以此向意大利民众展示新一代中国移民的形象，也让学生们时刻有一种传播中华文化的自豪感、责任感和使命感。2008 年，学校联同各侨团组织"为奥运加油"百米长卷活动，500 多名罗马华裔青少年用画笔书写对奥运的祝福；在罗马侨界春节联欢中，学生们表演了时装、舞蹈，赠以中意双语"荷包"，拉近了与主流社会孩子的距离；在拉齐奥大区的多元文化艺术节上，京剧"俏花旦"获得舞蹈表演冠军……

在蒋忠华心里，中华文化是海外华侨华人的心之所向、梦之所系，是他们心中难以割舍的一部分。当代华裔青少年只有充分感受中华文化的魅力，学习中华传统美德，一代又一代地接力传承，才能在未来成为中意文化沟通的桥梁。

站在华文教育者的角度，蒋忠华反复强调"华文教育任重道远，它有使命感、有传承的力量，是华侨华人根的教育，它不仅仅只是一种语言教育，更是文化的传承"。在蒋忠华看来，高质量的华文教育对于学生的兴趣培养、文化接纳、思想内化至关重要，简单地涉猎了解无法达到传承中华文化的目的，整体认知中华文化则对学生水平提出了很高的要求。华文学校就是要培养中意文化相互融合的国际化人才，将中国优秀传统文化继续传承下去。"我们一定要把华文学校办好，让孩子们的中文能力达到母语水平。"蒋忠华坚定地说道。

参考资料

《蒋忠华，罗马华文教育的先锋者》，文成侨网，http://ql. wencheng. gov. cn/art/2017/11/14/art_1346526_14190782. html，2017 年 11 月 14 日。

尼科尔·王：巴拿马最美华裔女外交官

尼科尔·王，巴拿马华裔，暨南大学华文学院 2006 级校友，巴拿马外交部前对外政策司司长（大使衔），曾被媒体称为"巴拿马最美女外交官"。

明眸皓齿、高挑优雅、气质非凡，是这位女外交官给人的第一印象，明媚的笑容是她给人留下的独特记忆。她是巴拿马外交部前对外政策司司长（大使衔）尼科尔·王（Nicole Wong），曾被媒体称为"巴拿马最美女外交官"。在中巴两国建交过程中，尼科尔·王凭借在暨南大学两年的学习经历，成为巴拿马·中国建交谈判的主要参与者和决策者之一。

寻根问祖　结缘暨南

尼科尔出生于巴拿马的一个华裔家庭，小学和高中就读于巴拿马中巴文化中心的孙中山学校，在孙中山学校学习的几年间，尼科尔学习了汉语，也了解到博大精深的中华文化。加上祖辈来自广东，爷爷是广州花都人，作为华裔的她，常常带着"我是谁""我从哪里来"的好奇与疑问，带着长辈们"回去看看"的叮咛，渴望前往祖辈们曾经居住、生息、创业的地方，寻找自己的根。

2005 年，高中毕业后的尼科尔前往台湾师范大学学习中文。一年后，她想继续到中国大陆学习，于是向巴拿马的亲友打听到哪里学中文最好，很多人推荐她到华侨最高学府——暨南大学学习。于是，尼科尔通过中国驻巴拿马的贸易发展办事处注册了暨南大学的学习课程。顺利办理手续后，尼科尔来到中国，"记得飞机落地我走出舱门的那一刻，就被深深惊艳到了，这是一个比我想象中更发达和美好的国家"。

看到中国的繁荣富强，"找到根"的喜悦与身为华人的自豪感双重叠加。2006年，尼科尔正式开启了在暨大的两年愉快时光。"在暨大学习的两年对我的人生起到了重要的作用。就政治生涯来说，巴雷拉总统（时任巴拿马总统）当时选择我作为中巴建交的谈判者的重要原因之一就是他知道我曾经在暨大学习。"尼科尔感恩暨大学习经历对她的影响。

尽管离开中国已有十余年，但她再次回来时，依旧怀念那个让她深感自豪、激励她学习和成长的暨南园。2019年3月，在和总统最后一次访问中国时，她和朋友悄悄"溜"了出来，到华文学院重走了曾经生活的校园，回顾当时学习的经历，她还用中文表示自己喜欢吃粤菜。在中国丰富的传统文化中，她最喜欢京剧脸谱。在她看来，脸谱中各种各样的表情代表着人生的经历，无论是忧愁还是喜悦，都可以用脸谱表现出来。观看京剧表演时，色彩艳丽的脸谱，出神入化的变脸，整个过程都是艺术的享受。

尼科尔在谈到她在中国的经历时总是神采奕奕，她的身世包含着中国与巴拿马的双重意义。祖辈来自广东，父亲丹尼尔·王·陈拥有两个中国姓，几个最好的朋友也是中国人，她还拥有一个中文名字——王宁，这些都让她感受到自己与中国血脉相连，她早已将中国视为自己的第二故乡。

外交谈判　使命必达

巴拿马时间2017年6月12日晚8时，时任巴拿马总统胡安·卡洛斯·巴雷拉在国家电视台全国新闻联播节目上，正式向全世界宣布：巴拿马共和国与中华人民共和国建立外交关系。中巴建交过程中，尼科尔作为巴拿马总统特使，是巴拿马、中国建交谈判的主要参与者和决策者之一。

2019年11月22日，尼科尔和原中国驻巴拿马贸易发展代表处临时代办王卫华大使来到暨南大学，参加"秘鲁及拉丁美洲的华侨华人研究"国际学术研讨会，并接受了暨南大学校友会的专访。采访中，尼科尔讲述了中巴建交背后鲜为人知的故事，她表示自己的使命还未完成，今后会继续用自己的力量推动中巴友好。

据尼科尔回忆，中巴建交的过程实属不易。当时王卫华大使、尼科尔以及巴拿马华侨陈国基先生三人根据总统的指示，在三个月的时间内就巴拿马与中国建立友好外交关系的条件进行了谈判。谈判过程进展顺利，但也极不容易。过程中承受了不少来自国际方面的压力，主要是某些利益集团和大国强国的干扰，所以谈判在秘密的情况下进行。尼科尔还谈到一个令其印象深刻的细节：谈判期间时任总统胡安·卡洛斯·巴雷拉和副总统伊莎贝尔·德圣马洛在巴拿马实时跟进谈判进展，随时给予指导，通宵达旦。可见，巴拿马高度重视与中国建交的进展。

2017年5月，三个月的谈判顺利结束，总统委派尼科尔和陈国基先生对中国进行了为期十天的秘密访问，其间两人同中国政府落实完善相关细节，为中巴正式建交做好了全面的准备。

中巴合作　未来可期

据尼科尔介绍，中巴建交以来，两国关系发生了很多积极的变化，双方共同努力，不断增进彼此政治互信，深化双方务实合作，丰富两国人文交流。2017年11月巴雷拉总统访华，2018年12月习近平主席对巴拿马进行国事访问，这些建交初期的高层互访有力地加深了双边关系。新冠肺炎疫情暴发以来，中国和巴拿马在人道主义和国际互助精神的鼓舞下，相互帮扶、共克时艰，生动诠释了两国关系平等互利的真谛。今年正好是中巴建交五周年，五年的实践充分证明，中巴结伴，既有利于两国人民福祉，也有利于全球和平发展与人类繁荣进步。

中巴建交可以说为中巴的人文交流搭筑了畅通无阻的"高架桥"。建交后，中国国际航空公司和巴拿马实现了直航，推动了更多巴拿马的青年学生到中国学习汉语和其他课程。在中巴建交之前，巴拿马的学生来中国求学的过程相当坎坷。据尼科尔回忆，十多年前，中国对巴拿马而言非常遥远，想要前往中国学习并非一件容易的事情。中国驻巴拿马的贸易发展办事处是一个重要的途径，只要你去咨询都会得到各个方面的信息，工作人员会为你跟进实现，但你还得要有勇气漂洋过海。

中国作为世界第二大经济体，将巴拿马视作进入拉丁美洲的切入点，这对巴拿马来说非常重要且有价值。因此，在和中国谈判时，巴拿马没有提出任何交换条件，而是出于友好实现了建交。尼科尔坦言："巴中建交没有任何所谓的'商业利益交换'。我们不是为了索取什么现实的利益而建交，而是实实在在地认为与中国建交是一个正确的决定，从长远来看是互利共赢的。"这个做法为未来两国关系的发展开创了广泛的空间，开拓了无限的机遇。特别是习近平主席对巴拿马的访问，更是加强了两国的友好合作关系。

在巴拿马，华侨华人是一股重要的社会力量。他们在当地融合、发展得很好，并不认为自己与本地居民有多大的差别。在巴拿马，华侨华人工作、生活已有160多年历史，他们见证了巴拿马发展的重要时刻，对当地经济、社会的发展发挥了非常大的作用。中国文化也深受巴拿马人民的欢迎，比如中国的饮食在巴拿马有很大的影响力，很多巴拿马人都喜欢中国菜。

尼科尔表示，她会继续为中巴关系做推动工作，"我觉得我的使命还没有完成，我虽然离开了政府，但下一步还要把我们开创的两国关系呵护好、照顾好，使得中国人到巴拿马能有好的感受，我们巴拿马人来中国也能有好的感觉，使两国的合作友谊继续向前发展"。

任京生： 于暨南振翅　于华教星空中翔翔

任京生，暨南大学文学院 1980 级校友。现任加拿大华裔作家协会副会长、国际汉学会理事、北美中文作家协会永久会员。先后毕业于暨南大学、中国人民大学、美国富兰克林大学和西东大学。曾任暨南大学加西校友会会长。

1977 年恢复高考后的几年间，积压了十年的学子迫切地想要完成自己的大学梦。少年时代，他们为中华之崛起而读书；青年之期，他们见证着改革开放的时代风云；成年之后，他们在各自的岗位上为社会的进步、教育的发展、民族的振兴，做出了自己杰出的贡献。任京生正是其中的一员，前半生由暨南启航，在大洋彼岸的华教事业中展翅翱翔，后半生凝聚新生代校友，打造加西交流新平台。他像一只不愿停歇的飞雁，因为情深，所以追逐。

雏雁初飞：脚踏实地，路始暨南

面对 20 世纪 80 年代仅仅 4% 的录取比例，任京生并未胆怯，顺利考入暨南大学中文系，成为人们口中的"天之骄子"。

回想当年，任京生对自由活跃的校园氛围记忆犹新。当时正值改革开放初期，相对于其他大学保守且严格的校园管理，暨大的政策相对宽松。"学生多当过兵、下过乡、进过工厂，社会活动能力、独立思考能力都很强，很多方面能独当一面。"候选人年龄差距之大也极为罕见，"最大的有 40 多岁，最小的应届毕业生才 16 岁"。

宽松的校园氛围给予了任京生莫大的发挥空间。在这片沃土上，他不断提升自己的领导力和号召力，成为名副其实的"领头雁"。在校期间，任京生是校学生会主席兼广东省学联副主席，同时兼任诸多社团顾问。刚复办不久的暨大，学生机构还不健全，他便和同学一起创办起艺术团、通讯社等学生组织，举办异彩纷呈的文体及学术活动：联合文冲造船厂、南方大厦、战士话剧团、艺术院校等多个部门数百人乘船去虎门参观，并与数千名海军战士联欢；邀请广州地区 9 所高校的学生会来暨大举行工作座谈；在暨南园组织舞会，周围高校的学生也来参加……

　　谈及为何热衷于学生工作，任京生笑言："这没有什么原因，是一种热情，也可能是一种遗传。我母亲就特别热衷社会活动，常常组织或参加文艺演出等，哪里有公益活动就去哪里帮忙。"高强度的学生工作势必会挤压学习的时间，任京生却看得很长远，"搞社会工作也是一种学习，是向社会学习，能学到很多书本上学不到的东西。如何协调学习和工作的关系没有别的办法，就是要比别人刻苦，比别人减少更多的娱乐休闲时间"。

　　四年的校园生活转瞬即逝，任京生对于离别的细节仍历历在目。"离开母校之前很多同学要为我送行，我并未告诉他们准确的时间，但他们还是知道了。如今还清晰地记得，离开学校那天，整辆公交车上几乎都是为我送行的同学。一站又一站，眼看着公交车离火车站越来越近，大家都沉默不语。"

　　在任京生心中，暨南情是这样一段段并肩前行的经历、一个个感恩的故事累计叠加。回首 40 年，青涩而朝气蓬勃的相遇延伸出跪乳之恩的校友情、舐犊情深的师恩情、执子之手的同学情，无限感慨，尽藏心中。

雁起汀洲：迎华文教育春风，闯荡海外

　　毕业后，任京生被分配到国家建筑材料工业局下属的防水材料公司。过人的工作能力让他先后担任经理办公室主任、技贸公司的经理与法人代表。转眼到了千禧之年，出国热潮席卷中华大地，许多人期盼带着梦想走出国门，奋斗

出属于自己的一片天地。任京生也是如此，他在短暂准备过后很快被俄亥俄州立大学录取，签证也一次性顺利通过。

年近 40 的任京生远涉重洋，孤身一人先到俄亥俄州立大学。既没有朋友，又几乎对英语一窍不通，短暂的孤独曾包围着他。庆幸的是，任京生从小走南闯北，适应能力很强，很快结识了志同道合的同伴；且俄亥俄州立大学东亚系是全美中文教学实力最强的科系之一，全美东亚语言中心和美国国家汉语旗舰项目都挂靠在该系，任京生可以只用中文在该系进行访问学者工作。

对于这位漂洋过海的特殊来宾，俄亥俄州立大学也交给他一个重要的任务——教授中美关系学课程。其实这门课已开设多年，但以往都是从各类报纸杂志上剪裁一堆小文章供学生阅读。眼见配套教材不成熟，任京生在执教之余便挤出时间为该课撰写了一部十几万字的教材，系统、全面地介绍了中国的人际关系，也传递了中国人际关系的正能量。2003 年，任京生的这部修改后的教材《从东到西看关系——我在美国教授关系学》在南方日报出版社出版，后被美国数所大学用作教材。

2009 年，任京生移居加拿大。加拿大教育界纷纷向他抛出"橄榄枝"：温哥华戴维斯学院力邀其筹办学院下属的汉语学院；加拿大哥伦比亚教育集团（下属有加拿大皇家艺术学院、加拿大皇家艺术中学等）聘请其开发发明创造等课程。而他最感兴趣的、最期盼能深入推进的仍是海外汉语教学研究，"我想用毕生精力创造出一套卓有成效的汉语教学系统，突破海外汉语教学难的问题"。

其实早在美国访学时，任京生就发现外国学生对传统的教育方式并不感冒。机缘巧合之下，他在教授发明创造课时领悟到"形象教学"的奇效，于是潜心研究，独创出一套中文形象教学法，先后出版《轻轻松松教中文——海外中文教学手册》《全脑开发学中文——汉语形象教学宝典》等书，被北美、澳洲多地的中文学校用作教师培训教材。除了著书传学，向国外民众普及中国文化也是任京生的一大心愿。2015 年 9 月，任京生与好友一起在温哥华创办了"菲莎文化讲坛",每周举办一场线下义务文化讲座,不收取任何费用。讲题涉及《论语》《易经》等古籍,以及音乐、书法、历史、科学、美学、文学、中西文化、发明创造、华文教育等。四年半的时间,讲坛邀请过100多名讲师,举办过200多场讲座,听众不计其数。

路始暨南园,闯荡新世界。任京生用鲜活的事例、生动的语言、专业的理论将外国人对于中国文化的憧憬与向往转变为真实的了解和学习,他正在成为海外讲好中国故事的"新话筒"。

鸿雁成行: 凝聚加西校友, 校友会焕发新生机

孤雁伶仃,鸿雁成行。在校时从事学生工作的经验,让任京生深谙找到校友组织、团结校友的重要性。1984年毕业后,任京生回到北京加入北京校友会。"据说各地很多校友会都是新、老分家,但当时的北京校友会新、老团结得非常好,各种活动都是新、老校友齐聚一堂。"这种团结友好的氛围坚定了他服务校友的决心,一路从校友做到副秘书长、秘书长,2000年更被聘为"永久名誉秘书长"。

2009年,任京生从美国移民加拿大。在参加校庆时,他得到一本校友录,上面载有温哥华十几位校友的联络方式。任京生如获至宝,只可惜——打去电话时,多半打不通,仅有几个打通的都是其子女接的电话,多告知他们的父母已去世。

这段小插曲并没有浇灭任京生联络加西校友的热情,皇天不负有心人,在一次邀请会上,任京生与历史系1982级校友、《环球华报》总编黄运荣交换名片时相认。任京生当即询问他温哥华是否有校友会和其他暨南校友,黄运荣答道,校友是有的,但他来了十几年了还没听说过校友组织。任京生一听立马来了精神,主动联系起美国南加州校友会会长梅凡、暨南大学时任副校长贾益民

及校友总会相关人员，并联同黄运荣分别利用自己的报纸发出征询校友消息。在陆续收到 20 多个校友的回应后，2010 年 9 月 17 日，暨南大学加西校友会在任京生家中举行了简单的成立仪式。

"能够如此顺利地成立有赖于母校、校友总会及海外校友会的大力支持。"每每谈起加西校友会的创立，任京生都说，是因为有南加州校友会梅凡会长、香港校友会张丽卿慷慨捐助的启动资金，是因为有校友总会将创立消息及时发布给了世界各地的校友会，创立之路才显得这么"一帆风顺"。在海外闯荡多年，任京生越发觉得校友间的互助，就像踌躇的孤雁重遇前行的雁群，在同一片星空下契阔谈讌，共叙前事，在伶仃的大洋彼岸也足以抚慰人心。

在暨大校友总会成立 25 周年之际，任京生曾说，我希望母校像"一艘航空母舰"，把各地校友会"一艘艘小船整合起来"，打造一个平台，收集各地校友的资源，建立资料库和信息平台，让校友们彼此找到交流的地方。这也被许多校友称赞为校友会运作之"箴言"。

目前，加西校友会已由当初成立时的十几人发展到一百多人。2019 年 6 月 8 日，加西校友会举行换届大会。会上，连任九年的任京生表示不再参加下届理事会选举，但今后会一如既往地支持新一届理事会的工作。从"一线掌舵"到"幕后护航"，加西校友会是其一生不变的牵挂。

第六章

千帆竞发
各领风骚

苏炳添：9秒83创历史　暨南飞人的人生不设限

苏炳添，暨南大学体育学院教授，暨南大学 2013 级国际经济与贸易专业研究生，中国男子田径队短跑运动员，男子 100 米短跑亚洲纪录保持者。

　　苏炳添在东京奥运会的赛场上创造亚洲纪录后，身披国旗，绕场行走庆祝，那"封神"的一幕，至今想起，依然让人热血沸腾。用速度征服赛场，"飞"出中国速度的"苏神"还有着另外的身份——暨南大学校友、体育学院教授。苏炳添与暨南大学结缘于 2009 年，这年他入读暨南大学经济学院国际经济与贸易专业本科，毕业后，他选择继续深造，成为暨南大学经济学院第一批拥有运动员身份的硕士研究生。2018 年 4 月，他被暨南大学体育学院聘任为副教授，实现了当一名老师的梦想。"感谢暨南大学给我的支持与帮助"，这样的话语，常常能从"苏神"的口中听到。

"中国速度没有极限"

　　苏炳添在个人微博简介中写道："在好运的时候把握住，努力冲上去。运气差的时候咬紧牙，努力撑过去。"回看苏炳添的运动生涯，不难发现他的成功之路并非一帆风顺，但凭借对速度的追求与执着，他最终跑在了所有人前面。他能够一次次突破极限、创造历史绝非偶然。

　　2021 年 6 月 11 日，在浙江绍兴举行的全国田径冠军赛暨奥运会选拔赛男子100 米决赛中，苏炳添以 9 秒 98 的成绩夺得冠军，这不但是他职业生涯中第 7次跑进 10 秒内，也是他第 3 次赢得奥运会的入场券。

此前，苏炳添曾被伤病困扰。2021年7月初，苏炳添在接受采访时回忆说：
"最黑暗的还是2019年，我当时跟我的领导说，'我现在是一个漏了气的气球'。"

"他对体育有着自己的执着。"苏炳添在广东省中山市体育运动学校时的短
跑教练宁德宝说，苏炳添能有此前刷新人们认知的成就，训练方法是一方面，
关键是他自己的投入。"如果一个运动员有天赋，但半路不练了，打退堂鼓，遇
到挫折困难不能面对，有泄气情绪的话，也很难有成绩。"

或许是这份体育人的执着和投入让苏炳添熬过了低谷期。2021年3月，他
正式复出，先是在2021年室内田径邀请赛西南赛区男子60米决赛中，以6秒
49的成绩夺冠，随后又在中国田径邀请赛肇庆站百米决赛中，以9秒98的成绩
拿下冠军，刷新个人赛季最佳成绩的同时，也打破了赛会纪录。

2021年7月18日，苏炳添在微博上发布了几张他进行力量训练的照片，配
文："最后的倔强……时间太快！一切皆顺利！"身披国家队战袍，苏炳添开启
了他的第三次奥运征程。日复一日的努力终于换来了荣耀加身的一刻，在8月
的东京奥运会赛场上，苏炳添以9秒83的成绩在男子100米半决赛中打破亚洲
纪录，并在决赛中以9秒98的成绩位列第六名。9月份的第十四届全运会上，
苏炳添又拿下了职业生涯的首块全运会百米金牌，且第十次"破10"成功，可
谓：十全十美。

已经32岁的苏炳添在奥运赛场上又一次突破自我，令无数中国人自豪，让
世界为他点赞。在赛后的采访中，苏炳添说，自己通过多年以来的努力，终于
站在了100米（决赛）跑道上面，"我觉得我完成了自己的梦想，也完成了中
国短跑历代前辈们给予我们年轻一辈的嘱咐"。

0.01秒眨眨眼就过去了，但是对苏炳添来说，每一个0.01秒都是极限。
"我的目标其实一直都没有变过，我还是想成为东京奥运会第一个进入百米决赛
的亚洲运动员。"他知道自己身上有这个责任，他所有的努力都是为了无限接近
黄种人身体的极限。

他曾说，中国速度，不会停留在 9 秒 91，中国速度没有极限。他做到了。

在苏炳添看来，他在东京奥运会取得的成绩，也许并不是自己事业的最巅峰。"我的想法是能跑一年就坚持一年，如果 2024 年（巴黎奥运会）我还可以跑，我自然会去挑战，但如果真的跑不动了，我也会选择离开。"

"感谢暨南大学给我的支持与帮助"

2015 年，苏炳添在国际田联钻石联赛上历史性地突破 10 秒大关，赛后接受央视《风云会》采访时，他身穿一件印有暨大校徽的 T 恤。苏炳添说："我想在全国最高级别的一个采访里面告诉所有人，我是暨大人。"之后在接受记者采访时，他表示，想继续留在大学里，为学校服务。

在 2018 年雅加达亚运会中，苏炳添以 9 秒 92 的成绩夺冠，创造了新的赛会纪录，这也是他运动生涯中首枚亚运会百米金牌！在赛后采访中，苏炳添动情地说道"感谢暨南大学给我的支持与帮助"。在第十四届全运会田径比赛百米决赛中，苏炳添第 10 次打破百米 10 秒大关，以 9 秒 95 的成绩拿下自己的全运会首金。赛后采访中，他向自己任教的暨南大学表达了感谢，他说："感谢中国田径队，一直没有放弃我；感谢我们广东省；感谢我们暨南大学。"苏炳添在多个采访场合和社交平台中，真真切切地表达他对暨大的感谢。

苏炳添在此前的采访中提到，自己最敬佩的老师是硕士研究生导师傅京燕教授。"在我整个大学包括研究生阶段，他对我的指导让我记忆尤深。即使是到现在，他也一直在指导我的人生道路。"他还感谢了本科和研究生学习阶段给予他很大帮助和鼓励的辅导员张丽静老师，以及陪伴他一起去征战大学各种比赛的体育学院前院长徐泽和麦雪萍老师。

苏炳添对暨大的满腔深情不仅仅是一句感恩的话语，更体现在点滴行动里。2020 年疫情期间，苏炳添受体育学院邀请录制居家运动锻炼短视频，鼓励平时

"宅"在宿舍、不爱运动的同学，更多地发现运动的乐趣，从自律中收获自由。在看到校友会发出的暨大附属第一医院援鄂医护平安归来的报道后，苏炳添主动联系学校基金会，提出想为 89 名援鄂医疗队员送上自己的一份心意。几天后，89 箱燕麦牛奶运抵学校，礼物虽轻，情谊很暖。

如今，苏炳添在暨大还多了一个身份——暨南大学基础教育专家委员会顾问，他将与学术、体育和艺术等领域的专家、暨南大学附属实验学校校长及骨干教师共同出力，为暨大附属学校的学生提供高起点、高标准的学术素养教育，同时也为教师团队和附属学校发展提供专业建议和深入支持。毋忘母校之恩，不负母校之名。苏炳添以自己的行动回馈着母校的培育和支持。而他，也永远是暨南人的骄傲。

"我现在的身份是暨南大学的老师"

苏炳添和母校暨大的缘分颇深。2017 年他在暨大取得硕士研究生学位，不久后便被正式聘任为暨大体育学院副教授，如今苏炳添带的第一届硕士研究生已经毕业。

苏炳添在暨大完成了从本科生到研究生再到大学教授的蜕变，他坦言"像做梦一样"，当初来暨大读书时也没有想过自己有朝一日可以当老师。尽管身份发生了转变，但他的初心一直没有改变——不断突破自己，做到最好。而支持他在赛场上坚持到如今的动力，也是自己在事业上的追求和对突破自我的渴望。

苏炳添表示，完全退役之后，他将会在暨大任教，"比起做教练，我更喜欢当一名老师"。他在国外也接触了许多新的教学方法，并且很乐意传授给学生们，尤其是暨大学子，因为暨大是他非常重要的一个起点。只要训练之余有时间，苏炳添就会回到暨大开课，为学生讲授科学运动等知识。一名暨大学生说，苏教授的课"逢开必爆"，每次都被"秒杀"。

　　苏炳添比赛训练的日程安排紧张且忙碌，但他总会在休整期抽出时间回校为暨大学子上课。2018 年 10 月 15 日，苏炳添返校给 100 名暨大学生上了一堂专业而有趣的体育课。课堂上，苏炳添给同学们讲解 50 米短跑技术要诀，指出同学们在跑步时存在的问题，还和同学们玩起了"跑步连连看"的游戏。他和大家分享了自己的短跑技术，并以小皮尺为案例进行了科学的示范。

　　在全运会的赛后采访中苏炳添透露，他将发起成立暨南大学苏炳添短跑实验室，希望能把自己多年积攒的专业知识和经验传授给更多人，为中国田径做出更多贡献。2021 年 12 月 27 日上午，苏炳添速度研究与训练中心揭牌仪式在暨南大学举行，苏炳添表示，将继续延续和发展"广东速度"，努力将训练中心建成亚洲领先、世界一流的综合性短跑训练基地。

　　相信乐在其中的苏老师未来能够点亮更多"灯塔"，薪火相传，让中国国旗上的那一抹东方红更加闪耀。苏炳添正在以自己的行动，言传身教，勉励暨大学子与当代年轻人：不要给人生设限。他希望通过自己的努力告诉更多年轻人，不要被一些既有的观念限制，不要限制自己，人生要自己去创造。

黎贝卡：时尚博主的异想世界

黎贝卡（方夷敏），暨南大学新闻与传播学院1998级新闻学校友。毕业后，曾先后担任《新快报》记者、《南方都市报》首席记者。2014年，由其创办的时尚公众号"黎贝卡的异想世界"获得了巨大的粉丝量和阅读数，成为普通女孩通过坚持热爱实现美好追求的人生范本，其公众号也成为中国炙手可热的时尚自媒体之一。2019年，黎贝卡入选福布斯中国意见领袖50强。

从时政线转向娱乐线，又抛下首席记者的光环在自媒体开辟新天地，身份的数度转变带给他人的是畏惧，而黎贝卡却用热爱对抗现实的困顿。"敢想敢做"是她从暨南汲取的滋养，选择暨南新传是黎贝卡人生最重要的决定之一，暨南大学正是黎贝卡追求所有异想天开的起点。

请回答 1998

1998 年，对"写东西"有向往的黎贝卡考上暨南大学新闻系，从闲适安逸的福建来到人声喧闹的广州，在这里她打开了人生的另一扇大门，在这所风气自由的侨校里，她找到了心里的那个自己。黎贝卡在大学时期是艺术团的活跃分子，和同学们一起排练、一起熬夜、一起演出，那些日子是她学生时代里最缱绻的回忆。"我发现原来还可以选择过这样的生活，我还可以做这些事情，就是一种非常自由张扬的状态。"

自由张扬的校园氛围让她一直用好奇的双眼观察世界。从暨大毕业后，黎贝卡在《新快报》开始记者生涯，猎豹一样迅捷又不知疲惫的工作方式成为她的招牌。随后在《南方都市报》跑了 8 年的时政、6 年的娱乐，同行都知道"南都"有一位跑新闻不要命而且还一定要"靓靓的"记者。

当时纸媒的环境已经很差了，几乎每天都有人问：你怎么还不走？——对这个职业仍葆有好奇，就是黎贝卡的答案。"从高教、时政到娱乐，我甚至还写过很长一段时间的讣闻。之所以喜欢当记者，就是因为通过这个职业，可以接触和了解很多人、很多不同的领域，学习很多不同的知识，发现很多可能性。"这一点，直到现在都没有变。尽管运营公众号团队已经分身乏术，她还是会满世界跑，采访、看秀、拍摄专题影片，那些在外人看来与本职工作毫无关系甚至没有金钱回报的事，她却乐在其中，"好奇心""接触未知"是她坚持的最大动力。

为热爱，不遗余力

2014 年，黎贝卡离开传统媒体，转行做起了自媒体，创立了自己的公众号"黎贝卡的异想世界"，成立了自媒体矩阵，在网络上分享着穿搭资讯、时尚心得与生活态度。凭借独立女性的形象、对生活品质的高追求，公众号自创办以来收获了一众忠实读者，并获得非常多的荣誉——在 2016 年的中国时尚自媒体大赏上，被评为华南地区最受欢迎时尚自媒体、年度十佳时尚自媒体、最具商业号召力时尚自媒体；2019 年，入选福布斯中国意见领袖 50 强；2020 年 11 月，"黎贝卡的异想世界"获得"英国《金融时报》2020 年度中国创新企业"奖。

从首席记者到头部时尚博主，再到"黎贝卡的异想世界"品牌主理人，8 年的时间里，黎贝卡的身份不停地转变，但她最本质的身份，依旧是生活家。在很多人看不惯买买买的年代，黎贝卡也许是第一个敢对你说"你可以有适当的物欲"，"爱美也是生产力"这样的话的人，她也一直在努力传递"每个人都值得更好的生活"的观念。这样的 KOL（关键意见领袖），文字里才会充盈着生活温柔，万物浪漫。"时尚博主"的身份认证也不能阻碍她推荐变美好物、分享"梦中情屋"的家装细节和漫画小剧场。一切出现在眼中的美好，她都愿意记录与分享。很多读者常常因为黎贝卡的文字而去购物消费，这种强大的文字感染力背后，正是她本人丰富的感受力。

尽管已经取得如此大的成就，黎贝卡依旧马不停蹄。2017 年，她创立了自己的服饰品牌"miss fantasy"与买手店"种草好物馆"，2019 年推出首本个人著作《今天也要认真穿》……这两年，短视频和直播兴起，公众号阅读数据不稳定成为一个大问题，如何转型迫在眉睫。

然而，不是出现一个"风口"就要争相追逐，她要打有准备的仗。"内容是硬道理，无论做直播、做视频，还是做图文，其实都是一样的，你要有好的内容别人才会来看。"2021 年初，黎贝卡开启新尝试，拍摄《100 个中国女孩的家》，该栏目在腾讯视频、B 站等平台上线，同时线下进驻广州全线地铁电视、深圳全线公交电子屏。更凭借优质内容频登微博热搜话题前十，收获了上亿的阅读量。2021 年 9 月在微信视频号开启个人专场直播首秀，场观达到了 61.7 万。黎贝卡引以为傲的内容生产力，百分百传达出她个性化的时尚理念和生活方式，也因此逐渐聚拢了一群热爱生活、用心生活的都市读者。

如今的她，每日写推送，熬夜写稿的日子，一边排队过安检，一边抱着电脑到处找 Wi-Fi 的日子，拍广告都要把电脑带到现场见缝插针写写写的日子依然没变。很多博主头疼的内容生产，却一直是黎贝卡无时无刻不在进行，且最有满足感和成就感的部分。"努力做到极致"，始终是黎贝卡对工作、对生活保持的态度。

南方报业传媒集团原副总编辑江艺平曾评价黎贝卡——做时政记者，她努力做到极致；做娱乐记者，她同样做到极致；极致之后，还能极致乎？黎贝卡证明了，一个人的潜能可以有多强。她不惮于跨界，一而再，再而三，从报纸，到视频，逐一试高低。她是天生做记者的人。热爱在哪里，幸福就在哪里。

捐资暨大　设立 "黎贝卡创业异想金"

2017 年 12 月 14 日，黎贝卡回到母校暨大捐资助学，设立 "黎贝卡创业异想金"。她说暨大是一个能让人做梦的地方，自己捐资设立 "黎贝卡创业异想金"，希望以此鼓励和帮助更多的暨南学子勇于创新创业、实现自己的梦想，也希望获奖同学影响更多师弟师妹，激励身边的同学共同成长和进步，发扬暨大精神。

对于暨南大学新闻与传播学院的学生们来说，黎贝卡是出现频率最高的 "知名校友"。暨南大学新闻与传播学院原院长、现名誉院长、南方日报社原社长范以锦提到媒体人转型，她永远是第一个出现的范例。学院的活动中，她是出现最多的校友。

2020 年，黎贝卡又有了新的身份——暨南大学生活方式研究院特聘研究员。成立于 2015 年的暨南大学生活方式研究院，重在重构生活方式教学体系，构建生活方式文化交流和传播平台。暨南大学生活方式研究院依托于暨南大学强大的师资力量，同时也聘请了广州甚至全国相关领域的专家，一起组成优秀的师资团队，如特聘研究员复旦大学钱文忠教授、著名哲学家周国平先生等。为了继续增添新的师资力量，在 2020 年暨南大学生活方式研究院开学典礼上，费勇教授为新晋特聘研究员黎贝卡颁发聘书，费勇教授表示："黎贝卡作为国内极具影响力的自媒体人，一直在倡导一种更优的生活方式，并且也影响了很多人。近年在生活方式商业化上也取得了一定的成绩，这正是我们研究院所需要的。" 黎贝卡接过受聘证书，表示非常感谢母校的邀请和认可："生活是商业的原动力，未来也希望能和大家一起继续探讨和学习。"

黎贝卡用好奇的眼光看世界，现在又感染他人对正在发生的潮流、新的事物保持好奇心。不为你造梦，鼓励你做梦，这股闪闪发光的女性引领力量正在反哺暨南的自由张扬之风。

黎贝卡认为："生活是一个持续的过程，它不会因为你按了暂停键而静止，一个人怎么过一天他就会怎么过一生。你在工作的时候完全可以学习，很忙的时候同样也可以过好你的生活。"正如黎贝卡所说，生活是持续前进的，每一天都需要认真对待，去做一名有理想、有担当的暨大人。

参考资料

1. 《中国青年说丨时尚女王黎贝卡：聪明的人更加不遗余力》，ZAKER，https://mp. weixin. qq. com/s/Qs9Q – –9rnq3dGYPLgtCKmQ，2019 年 12 月 25 日。

2. 《专访黎贝卡丨"美好生活值得追寻"》，网信广东，https://mp. weixin. qq. com/s/i4P6sCG57JOj1tAPsKVUZQ，2022 年 3 月 14 日。

3. 《黎贝卡获聘暨南大学生活方式研究院"特聘研究员"！》，凤凰网，https://finance. ifeng. com/c/803YJKIdDRk，2020 年 9 月 25 日。

4. 《对话时尚博主黎贝卡：想要做一件事什么时候都不晚》，搜狐财经，https://xueqiu. com/8647410512/163202561，2020 年 11 月 13 日。

5. 《黎贝卡 关于变美这件事》，南方人物周刊，https://mp. weixin. qq. com/s/4Jp5Q8 – UWUBF0 – XVx2kbfA，2020 年 10 月 24 日。

李扬秋：为医学梦想步履不停

李扬秋，暨南大学临床医学学士（1980—1986 年）、血液病学硕士（1986—1989 年），德国柏林洪堡大学血液肿瘤学博士（1994—1997 年）。现为暨南大学基础医学与公共卫生学院研究员、博士生导师、暨南大学血液学研究所所长，兼任中国病理生理学会实验血液学专业委员会副主任委员和血液免疫学组组长、中国临床肿瘤学学会（CSCO）理事、中国病理生理学会理事、中国免疫学会理事、中国免疫学会血液免疫专业委员会常委、中国抗癌协会血液肿瘤专业委员会常委、中国生理学会血液生理专业委员会委员和广东省医学会血液学分会副主任委员等；以及 *J Immunother Cancer* Clinical/Translational Cancer Immunotherapy 专题副主编，*J Hematol Oncol*、*Exp Hematol*、*Exp Hematol Oncol* 等杂志编委和 *Blood Science* 副主编。曾获"广东省医学领军人才""广东省三八红旗手"等荣誉称号。

李扬秋有很多身份：业务骨干、学术带头人、学院科研工作的有力指导者、公共事务的热心参与者……从事血液病研究 30 余年来，李扬秋在科学研究、人才培养、队伍建设等方面俯首耕耘，厚积专业底蕴，亦不忘以身立教、激励后辈，她是暨南人心中的标杆。

漫漫行医路： 为理想全力以赴

李扬秋出生于一个文艺家庭，父亲是编剧，母亲是演员。许是这样的家庭氛围的浸染，李扬秋给人"飞扬如暖春，静雅如秋叶"的美好，但她并没有因此走上"文艺"之路。在兴趣的驱使下，她对科学实验产生了极大的兴趣，热衷于在实验中观察、思考，享受着对未知领域的探索。

1980 年，李扬秋进入暨南大学医学院就读临床医学专业，6 年后，成绩突出的她有幸成为首批推免研究生继续在本校攻读血液病学硕士学位。也就是从这时候开始，李扬秋与"血"结下缘分，开启了漫漫的医学研究道路。众所周知，学医是一件难事，李扬秋也深知这条路并不好走。本有无数个选择的她，却毅然地推开了医学世界的大门。李扬秋说："救死扶伤是我的信仰，我期望能用所学之识挽救生命。"

"全力以赴"，是李扬秋在暨南大学求学时的写照。听课、做实验、"泡馆"

看如山堆的医学书本，几乎占据了她的全部生活。作为一名医学生，李扬秋自知要比别人付出更多的时间。那时的她，并不敢想象日后的自己会有怎样的成就，但敢于面对挑战、接受挫折，脚踏实地地做好每一件事情是她执着的信念。

功夫不负有心人，凭借医学天赋和不懈奋斗，李扬秋最终成为一名血液领域的专家。她率先在国内外开展基于 T 细胞受体（TCR）基因重排和 T 细胞抑制性受体调控研究白血病状态下 T 细胞免疫缺陷、T 细胞发育、分化和增殖相关调节分子机制；率先在国内建立一套系统和详细分析机体 T 细胞免疫变化特点的分子免疫学方法；率先开展 TCR 基因修饰的抗白血病 T 细胞免疫治疗基础研究、基于 TCR 基因重排和系列分子生物学新技术鉴定 T 细胞白血病新分子发病机制和设计分子靶向治疗研究等工作。

打造一流科研团队：引培并举，团结合作

李扬秋致力于血液肿瘤免疫学研究和人才培养工作，目前，李扬秋已承担国家重点研发计划政府间国际科技创新合作重点专项 1 项，国家自然科学基金青年基金、面上项目和重大研究计划（培育项目）共 10 项，863 计划 1 项，广东省自然科学基金重点项目 4 项，教育部和广东省科技厅项目等 60 多项。发表第一作者和通讯作者 SCI 收录论文 150 多篇，主编著作 2 部，授权发明专利 11 项。获得部级科学技术一等奖和二等奖 5 项。

尽管已是行业内的"大牛"，谈到血液学研究所取得的成绩时，李扬秋依然十分谦逊："我们近年来取得了一些进步，这些成绩与血研所师生的努力、学校及学院的政策支持、兄弟单位的科研平台支持、国内外同行的交流密不可分。我们的整体研究水平与国内外同行相比仍有较大的差距，科研平台建设比较落后，我们还有很长的路要走。"

在她的带领下，血液学研究所多点开花，成绩斐然。同时，整个血研所的

科研氛围也非常温馨融洽，良好的团队氛围也促进了高水平人才的加盟，兰雨研究员便是其中之一。在血研所近年来获批的多项国家级重大、重点项目以及发表的高水平论文中，兰雨研究员的名字频频出现。这位研究员及其课题组的成绩是暨南大学、基础医学院大力引进高水平人才的重要标志性成果。有人开玩笑问李扬秋："你不怕引进的人才比你强吗？"面对这样的提问，她坦言，自己是暨南大学培养出来的，为母校的发展建设贡献力量是理所当然。而在这过程中，要不断有高水平的人才加入，学科发展才有动力，团队才能后继有人，母校的血液病学科才能持续蓬勃发展。因此，引进科研人才也是李扬秋重点关注的内容。"今后还要大力引进学科带头人和青年教师，进一步优化研究所人才结构。"

兰雨对李扬秋的教导心怀感激："李老师关照爱护团队的每一名成员，关心每一名成员的发展，最初选择来暨南大学的重要原因之一也是李老师在这里，我心里踏实。一方水土养一方人，李老师领导的血研所使我相信基础医学院是一个温暖的大家庭，我相信基础医学院会越来越好。"

除此之外，李扬秋也很注重培养团队现有成员。李杨秋团队中的多位中青年骨干，目前已评上了正高和博士生导师，甚至所里的实验系列老师也在李老师的指导帮助下，获批了国家自然科学基金项目、发表了高水平研究论文和晋升为正高级实验师。谈及研究团队的发展秘诀时，李扬秋颇为自豪。"科研管理，最重要的是营造一个活泼和自由的学术氛围，"她如此总结道，"每个人都有自己的工作节奏，应该在头脑清醒、工作效率高的时间开展研究。作为管理者，不要把他们看得太紧、管得太多，让每一位团队成员能够充分发挥潜能，在恰当的时间给予他们必要的帮助，自然就能营造出积极向上的团队氛围，成绩也会随之而来。"在做好科研工作的同时，李扬秋非常看重学术交流，关注学科前沿，积极与国内外同行开展科研合作，成果共享，提升了暨南大学血液学学科的知名度，也为血研所的发展创造了良好的条件。

教书育人：爱生如子，因材施教

1989 年，李扬秋选择留在母校任教。在科研和育人的道路上，李扬秋步履不停。30 多年来，李扬秋在血液学领域传道、授业、解惑。

气质优雅、谈吐从容是学院师生们对李扬秋的第一印象。"李老师平时工作再忙，都会定期召集我们开组会，听取每一位同学的学习进展汇报，帮我们修改方案和实验计划，一遍又一遍，不厌其烦，力求精益求精，"学生们这样说，"无论多晚给她发邮件，基本都能当天得到回复。"

对于李扬秋而言，她的工作重心有两个，一个是科研，另一个便是教学。在教学方法上，李扬秋将尊重个性和严格要求结合起来。她给予学生在时间分配上的自由，而这自由又是建立在对他们高标准、严要求和充分信任的基础上。她坚信，只有让科学研究成为学生们的兴趣，这些年轻人才能更有动力去行动、去主动追求。学习上，李扬秋是学生们的引路人；而生活上，她更是学生们的"知心姐姐"。她毫不吝啬地为同学们提供帮助和指导，以解决他们在生活中遇到的各种难题。

如今，李扬秋已培养硕士生 30 余名、博士生 20 余名、博士后 10 余名。为提高研究生国际交流和科研能力，她先后派出多名硕士生和博士生到美国和德国不同高校和科研机构学习，并与佛罗里达大学联合培养博士生。在学科建设和人才培养方面，李扬秋取得了丰硕的成果：指导研究生及博士后获得美国血液学年会（ASH）优秀论文奖 3 次、美国华裔血液及肿瘤学会（CAHON）青年科学家奖 1 次，指导 3 篇学生论文获广东省优秀硕士学位论文，培养南粤优秀研究生 10 名，多名学生获得学校优秀研究生、优秀博士及硕士论文等奖项；指导本科生获得广东大学生"攀登计划"科技创新培育专项资金项目 3 项、国家级大学生创新创业训练计划项目和暨南大学"挑战杯"竞赛等学生课外学术科技创新创业竞赛，立项项目共 20 多项，指导多名本科生以第一作者或共同第一作者发表 SCI 收录论文多篇，提升本科生科研能力，多名学生获推免研究生资格。

为人师表，不单是传道、授业、解惑，李扬秋更是用自己的实际行动，得到了学生们的敬重，成为学生们生活和人生路上的知心人。作为教师，李扬秋把学生当成自己的孩子来对待。她选择尊重学生们的个性特点，因材施教。李扬秋曾就师生关系做过比喻："良好的师生关系就像是导师和学生在打乒乓球，无论是学术还是生活，有来有往，就能一起出彩。"在旁人看来，比起技术熟练的"乒乓球选手"，李扬秋更是经验丰富的教练。她关心学生的方方面面，不仅帮学生打出"好球"，还时常能够"救球"，引导学生发展。

人间有胜境，但追求无止境。李扬秋用一个个科研奖项、一篇篇科研论文、一项项科研成果践行着对学术的热爱，不为辉煌之利，只为心中追求的极致理想。李扬秋犹如科研之"花"，一如向阳的花，尽情绽放。

参考资料

1.《暨医名师丨李扬秋：立德树人，"三位一体"打造血液学学科高地》，暨医先锋，https：//mp. weixin. qq. com/s/LY9TZUE9OmE1y－sXR3B_－Q，2020 年 6 月 12 日。

2.《巾帼不让须眉，我校李扬秋教授获"三八红旗手"荣誉称号》，暨大教工，https：//mp. weixin. qq. com/s/Kf86nuEwZmY1Hs1GNgxSxQ，2017 年 3 月 23 日。

肖冰：用投资让世界更美好

肖冰，暨南大学1992级经济学校友。达晨创投合伙人兼总裁。从事投资20多年，有着丰富的境内外投资经验和业内广泛的人脉关系，曾获清科"2009年度、2013年度、2017年度中国创业投资家十强"，2015年度"中国最佳创业投资家"，以及"2016投中—FT中国领袖投资人""2017投资界TOP 100投资人"等称号，2011—2017年连续七年被《福布斯》杂志评为"中国最佳创投人"。

肖冰天生拥有着敏锐的感知力，敢于辞去"铁饭碗"实现自我投资，回归学校学习；敢于放弃大集团投资"掌舵人"之位，在初创公司捕捉赛道风口，深挖行业投资机会。平衡好风险和机会是肖冰一直在用实践诠释的投资艺术。

结缘暨南，改变人生

回忆起当初在暨大就读的经历，肖冰十分感慨："当初能够进入暨南大学读书，我觉得非常荣幸，至今我仍然特别感恩暨大，因为有一句话叫做'知识改变命运'，它对我们这代人来说非常准确。"1992 年是中国改革开放特别关键的一年，那一年肖冰辞去政府机关的工作，只身来到广州，考入暨大金融系攻读硕士研究生学位，师从何问陶教授。谈及来到暨大读书的原因，肖冰认为暨大的所在地、学科水平和学校氛围都是他考量的因素。暨大坐落于广州，是国家改革开放的前沿阵地，与内陆城市有着非常大的差异，暨大的商科在华南甚至整个南方地区都负有盛名，是南方唯一具有金融系研究生招生资格的学校，也是广东省唯一设立金融学专业的高校，暨大的校园美景和包容开放的侨校氛围都对他有很强的吸引力。

"那时我们是边打工边学习的，白天学习，晚上或者周末几个同学去开培训班授课，教授会计、证券、金融等课程，很愉快也很充实。"谈到研究生期间的生活经历，肖冰难掩兴奋。他把当时的自己称为"炒更"（出自粤语，指利用业余时间加班从事第二职业，从而取得专职工作收入之外的报酬）一族。在读研期间赚下的"第一桶金"，经受的社会锻炼，是他日后步入投资领域的重要奠基石。

投身投资行业，致力创造奇迹

1995 年，肖冰硕士毕业，他没有像其他同学一样选择进入银行工作，而是进入了刚刚起步的证券业——就职于四大驻港中资企业之一的中国港中旅集团公司投资策划管理部，日常穿梭于香港与内地之间，寻找项目资源。其间他参与了陕西渭河发电厂项目的投资，代表港中旅集团拿下了该公司 51% 的股权。完成投资当年，港中旅集团便收获了超 4 亿元的分红，这笔投资到 2001 年就通过分红收回了成本。凭借在港中旅集团的优秀表现，肖冰于 1998 年晋升为港中旅集团投资公司的总经理，开始真正成为上百亿资金的掌舵手。但仅仅过了 4 年，肖冰就离开了港中旅集团，在一年后以执行合伙人和总裁的身份加入于 2000 年成立的深圳市达晨创业投资有限公司。

在执掌达晨初期，肖冰潜心研究国家产业政策的变化，决定公司投资的产业方向要以高科技、先进制造业为主。在肖冰独具慧眼的指引下，达晨从成立起，就投资了和而泰、同洲电子、丰光精密、利扬芯片等一大批高新技术企业。除了关注高新技术产业外，肖冰也将目光投向现代农业、军工、医疗服务、生物医药研发，先后投资了福建圣农、渊亭科技、爱尔眼科、康希诺等行业新兴企业。

肖冰的独到眼光为达晨带来了巨大收益。如今，达晨管理的基金规模为 360 亿元，投资企业超过 650 家，成功退出 239 家，其中 126 家企业上市，累计

96 家企业在新三板挂牌。创业板 1 000 家上市公司历史涨幅前 2 名均为达晨最早投资；科创 50 指数达晨投资企业占据三席，是北交所开板首批星宿企业之一；达晨国家级"专精特新"被投企业共 62 家。爱尔眼科、蓝色光标、网宿科技、亿纬锂能、康希诺、尚品宅配等耳熟能详的企业都收录在达晨财智的投资锦囊中。

"跟着政策走，坚持投资中国，这可能是我们能抓住市场红利的原因。"被问及自己为何能频频押对赛道、精准投资时，肖冰这样回答："达晨走过二十二载，深耕本土，无论是智能制造、信息技术、医疗健康还是军工，都是一头扎进产业、永远在产业的第一线，这是我们能够幸运沐浴中国发展红利、踩准中国资本市场发展关键节点的前提和基础。"

"投资是一种力量，投资可以改变世界，可以让世界变得更美好。"肖冰表示，风险投资行业永远是投资新型的行业，大部分是投资初创企业，投资未来，有非常多的不确定性，他们是创业者背后的创业者。肖冰希望通过他们的投资，助推大量优秀企业成长，成为支撑中国经济的主导力量。

承继百年商科精神，寄语广大暨南学子

随着经济的日益发展，越来越多的暨南学子毕业后从事投资行业，其中一些人就在肖冰所在的公司工作。对于有意向进入投资行业的暨南学子、老师和校友，肖冰表示，风险投资是一个比较残酷的行业，现存的很多机构都是大浪淘沙下久经考验的机构，从事投资行业也需要理想情怀，要投资一些能够改变世界、颠覆行业的企业，通过投资让世界更美好，让国家更强大。同时，投资还需要强大的逻辑思维能力，勇于面对不确定性带来的挑战，并时刻保持对新生事物的敏感度和持续的综合学习能力，不要抱有投资快速成功的想法，而是做时间的朋友，和伟大企业共同成长。肖冰希望广大从事投资行业的暨南学子

能不辜负老师们的教诲，继续发挥力量，不断投资到特别好的企业身上，用特别有价值的、特别高质量的投资，继续为国家、为社会做贡献。

参考资料

1.《肖冰：掀起 VC "上山下乡"风潮　打造"务农"神话》，达晨财智，http：//www. fortunevc. com/index/shownews/id/1397. html，2011 年 7 月 21 日。

2.《达晨肖冰：募资寒冬期恰是投资最佳时》，新浪网，https：//k. sina. cn/article_7465259961_1bcf6d3b9001012snk. html，2022 年 5 月 19 日。

3.《肖冰访谈肖冰（上）：当年来达晨，就是要选择一个能创造奇迹的行业》，搜狐网，https：//www. sohu. com/a/314434603_350699，2019 年 5 月 16 日。

何珊：　从暨大走出的湾区卓越企业家

何珊，暨南大学国际学院 2007 级金融学校友。曾任暨南大学第十五届学生代表大会常务委员会委员长，现任洋葱集团合伙人兼执行董事、广东省电子商务协会副会长、国际标准化组织 ISO/TC154 工作组专家，曾获"中国经济人物·杰出女性""中国商业最具创意人物""36 岁以下了不起的创业者"等荣誉称号。

从香港到广州，从参与校园实践和实习到全身心投入运营集团，何珊一步步地规划着、践行着，她抓住了时代与行业的机遇，是独当一面的工作强人，却也是陪伴家人的温柔存在。何珊在不同角色中切换着，承担好每一份责任。

从暨大出发　做人生的远虑者

何珊从小在香港长大，20 世纪末，她随父母来到广东生活。2007 年，在是出国、返港还是留在内地深造的选择中，18 岁的她选择了留在内地，于暨南大学攻读国际金融与审计管理双学位。她是一个"远虑者"，在一步步的规划中，谋划长远发展。她是一个顺势而为的聪明人，选对大湾区，也选对行业。

对于香港"快节奏"生活的适应使得她很快就习惯了充实的校园生活，还不到 20 岁便已担任起暨南大学学生代表大会常务委员会委员长和社团学生会主席的职务，同时利用假期的时间实习。从内地到香港，从银行、证券到保险业，在校期间，何珊将未来可能面对的职业全都试了一遍。在香港实习期间，按照当时的业绩年薪可达到百万元。

作为来湾区学习和发展的香港青年，暨南大学融合、新锐的文化氛围，不但助力了她学业上的成长，还让她感受到了内地和湾区的魅力，赋予她丰富的机会与选择，为她的职业规划奠定了坚实的基础。每年回到暨大，何珊都会向学弟学妹们分享在大湾区发展的体验和经历，鼓励他们在湾区发展，"把握湾区发展机遇，找准定位发挥价值"，这是何珊对港澳青年创业者的建议。

练就　"武林绝技"

2011 年，何珊从暨南大学毕业后便投身到金融行业当中。起初，她在一家公司做资本运作，但一个公司的项目数量是有限的，大部分时间都在做重复的工作，何珊很快就迎来自己第一个瓶颈期。"一直在同一个公司里面工作，眼界和思维会越来越窄，某些操作及专业上的知识会有所缺失，多出去看看别人的世界，才能感受到世界的浩瀚无垠。"何珊说道。

为了在不同行业内感受更多元的变化，何珊进入了投行。相比其他行业而言，投行是一个充满着项目数量的地方，可以在不同项目里看到更多公司的运作方法，了解更多无法在市场内了解的讯息。进入了投行的何珊，恍如一位进入了藏经阁的"大侠"。在她看来，投行的工作更专注于资本运作的领域，而不仅仅停留在业务运营的层面，锻炼的技能会更多元化，何珊就是在这里练就了一身"武林绝技"。

全能女将行走　"江湖"

如果说投行时期，几千上万的项目积累业务量塑造了何珊看待事物宏观且更深远的眼光，那么在洋葱集团的经历则加深了她在企业管理方面的经验与纵深思考。在洋葱集团，何珊行心之所想，将一身"武林绝技"发挥得淋漓尽致，宛如一位"女侠"，在"江湖"内行走，剑平路难，琴抒心意。

2016 年，年仅 27 岁的何珊结识了洋葱集团创始人李淙，当时他正在为刚刚创办的集团跨境业务寻求融资。"我当时接触了大量的创业企业，深深觉得跨境电商这个赛道的风口即将到来，在经济上行和消费升级趋势下有着无限的想象空间。"在何珊见过的形形色色的创业者中，李淙的敏锐和远见吸引了她。"当时的业态环境比较浮躁，洋葱集团仍坚持对底层业务不断推敲，布局上下游来打造商业生态，这种情怀是十分难能可贵的。"

2018 年，何珊正式投身洋葱集团。那一年她的首要任务就是结合未来 3 ~ 5 年的战略规划，系统梳理和搭建组织架构，通过大刀阔斧的结构重整，定制策略、下放政策、合规重组……让公司的运作环环相扣。

随着 2019 年"打造全球品牌管理集团"战略想法的实行，洋葱集团的业务形态发生质变并达到了每年 100% 的高增速，2020 年洋葱集团营业收入已达到 38 亿元，净利润超过 2 亿元。截至 2020 年 12 月 31 日，洋葱集团的平台已囊括了超过 4 000 个全球优质品牌，横跨全球 43 个国家和地区，拥有超过 6 万多种商品，并在全球 7 个国家和地区有办公室。

2021 年，洋葱集团以超乎寻常的速度在纽交所上市，这背后是何珊独立支撑的近 300 个日夜超过 5 200 个小时的付出。

"上市是一个新起点，我们完成了上一个五年战略计划；而下一个五年，又是一个崭新的挑战。"何珊坦言，目前她正在为下一个五年的集团战略做阶梯化、组织化的搭建，希望未来十年洋葱集团是一个有力量的、相互分担的团队。

新时代女性意味更多元的责任

在事业上是"女强人"，而在生活中，何珊很注重给家人高质量的陪伴。"我是一个天然睡觉比较少的人，早上会陪女儿玩半小时，并且确保陪伴的质量，比如陪她完整地搭乐高，有时候还会带着女儿出差。"何珊说，她希望生活可以有一点仪式感，尽量确保每一个重要的节日，孩子可以和爷爷奶奶、外公外婆相聚。

作为一名创业女性，何珊也时常能体会到作为"新时代女性"面临的压力与内在的力量。"新时代的女性意味着要承担更复合与多元的社会责任，要做个好女儿、好妻子、好母亲，还要做一个好上司、好闺蜜。"何珊表示，女性同样可以在多元角色中不断追求自我价值的实现，忠于内心，蜕变成最想成为的自己。

人的内心天生惧怕变化，大部分人都希望在自己的舒适圈内寻求庇护。但何珊认为，这样的行为无法实现个人价值的提升，反而会被淘汰，因为变化所蕴含的不只是危机，还有机会。"无论是年轻人还是企业家，不要总想着回到自己的金字塔里面，每一个时期都要找到自己的价值所在。人生如棋，落子无悔。"

"很多人都会说自己得到了什么，但是却很少提起自己贡献了什么。"除了实现个人价值，何珊认为创业者及企业家还需要创造社会价值。贡献是一个能实现社会价值的过程，而这个过程需要在一个逐渐成熟的区域内实现。正如选择企业，当一个企业整体体系已经成熟，人力进去只需要按部就班地工作，这就很难实现贡献。

何珊表示，很多人之所以会选择在国外生活，除了文化冲击，其实更多的是由于社会环境或者氛围，因为大部分资本主义国家的商业氛围已很成熟。而随着我国经济发展及各种战略的执行，国内整体的商业氛围正向成熟迈进。"我一直觉得我们国家挺好的。虽然我在香港出生，但是从来没有想过去国外工作，因为我想在国家发展的过程中做出一点贡献。"

何珊本人的经历为每个致力在大湾区逐梦的香港人提供了参考，为每个致力打破天花板的创业者提供了样本，也为新时代女性实现精神经济"双独立"树立了榜样。

参考资料

1. 唐巧燕：《专访洋葱集团何珊：谋定而动，成就卓越》，南方网，2022年2月18日。

2. 王美苏、钟锐钧：《香港女青年湾区"追梦" 公司出品成"潮流""前卫"代名词》，《南方都市报》，2021年10月14日。

3. 许康衡：《大国青年说丨活力湾区·青年逐梦 专访洋葱集团合伙人兼执行董事何珊：年轻人需要一点"侠"气，不断拥抱变化》，《21世纪经济报道》，2021年9月21日。

后　记

  2022 年是暨南大学建校 116 周年，也是暨南大学校友总会成立 30 周年。回眸校友总会的 30 年，春华秋实，桃李芬芳，誉满天下。

  《三十年　三十人》一书立足暨南大学校友总会成立 30 年以来的历程，依据校友身份的不同和所做贡献领域的不同划分为六章，选取了 30 位在各行各业取得杰出成就的校友。他们或是为校友会不同时期呕心沥血、辛勤耕耘的老校友，或是在商界打拼出骄人业绩的企业家，抑或是在各自领域开辟出一片广阔天地，铭刻暨南精神的新青年……本书聚焦他们作为暨南校友在学校发展的各个时期对学校和校友工作的鼎力支持，彰显暨南校友爱国爱校、薪火相传的精神品质。书中尽是校友们往日在暨南园中学习、生活的热烈情景，充满了欢歌笑语。他们用力拼搏，斗志昂扬地超越自我；他们激情飞扬，用汗水浇灌青春；他们立志高远，却也时刻情牵母校，将"忠信笃敬"的校训一脉相承，一路高歌暨南精神。

  《三十年　三十人》洋洋洒洒 20 余万字。本书由陈联、梁燕撰写，参与资料收集、沟通采访、录音整理等工作的成员主要有郭知凡、郑帆、韩霜、李嘉怡、张汝洁、严军、张悦等。

  本书的编写工作是在学校党政领导的关心和支持下进行的，暨南大学党委书记林如鹏、校长宋献中、校友总会会长马有恒为本书作序。本书的成型和出版还得到了诸多海内外校友和校友组织的支持，他们协助沟通联络、提供翔实的基础素材。此外，暨南大学出版社编校人员为本书的出版也做了大量工作，在此一并表示谢忱和敬意。

在暨南大学建校 116 周年、校友总会成立 30 周年之际，我们将这本《三十年　三十人》献给暨南大学师生、校友以及广大读者。尽管编写组成员尽了最大的努力撰写，但由于作者学养有限，经验不足，在采访对象内容挖掘的深度、文字功底方面还有待提高，衷心希望读者们批评指正，以便进一步完善书稿。

编写组

2022 年 10 月